2桁成長を取り戻す

デジタルリメイク経営

コンサル会社が実践したリアルDXストーリー

船井総研デジタル　柳楽仁史／清尾修／小平勝也

はじめに

デジタルリメイクを目指す経営者に必要なのは「ロールモデル」

数年前、私が会社のデジタルリメイクに取り組んで最初に直面したのは、「経営者がデジタルに疎《うと》いままだと、そこがボトルネックになってＤＸが進まない」という現実でした。

いくら世間や周囲が「デジタル化だ、ＤＸだ」と騒いでいても、経営者本人が理解していないことをやろうとしてもうまくいきません。そればかりか、過剰なデジタル投資や誤った進め方によって、会社を危機に晒《さら》してしまうことすら起こりえます。

そこで私は、まずはデジタルの基礎を理解しようとプログラミングスクールに通ってみたり、Ｉ

T系の資格をいくつか取得してみたりしました。もちろんこれはこれで良かったのですが、いずれもエンジニア向けや一般ビジネスマン向けだったので、肝心の「デジタルを活用して会社を成長させる具体策」についてはは、まったく学ぶことはできませんでした。

次に行《おこな》ったのが「DXを成功させた経営者に倣《なら》う」というアクションでした。デジタルを活用して新規事業を立ち上げたり、デジタルを駆使したビジネスモデルでIPO（新規上場株式）を狙っているようなベンチャー企業の社長などに会いに行ってお話を伺う、ということをなるべく習慣化しました。そういった方々が登壇する講演会に足を運んだりもしました。

デジタル化やDXの取り組みは、うまくいかないことや試行錯誤の連続です。壁にぶつかるたびに後戻りしたり悩んだりするのですが、デジタル化やDXに真剣に取り組んでいる他社の経営者から伺うお話は、とても励みになりました。こうしたアクションは、経営者としてのロールモデルを見つけることができる貴重な機会であり、それが後に大きな財産となって会社を成長させるきっかけとなりました。

先駆者の苦労話や体験談などを伺ううちに、進め方のイメージがおぼろげながら湧いてきたり、「自分も挑戦してみたい」「頑張ってみよう」というモチベーションが湧いてきました。

デジタルリメイクを進めるには、強い動機と高め合える仲間が必要

同じ目的を持つ経営者と積極的に交流することは、デジタルリメイクやDXを進めるうえで実に大切です。

ただ、そういう交流ができる集まりやコミュニティを探しても、なかなか見つかりませんでした。ならば「自分たちでつくってしまおう」ということで立ち上げたのが、「デジタル・プレジデント・ラボ（Digital President Lab）」という経営者のコミュニティです。

2022年の夏に立ち上げたこの会には、いま約30人の経営者の皆さんが集っていて、東京は丸の内で2カ月に1回のペースで定例会を開いています。定例会では毎回、DXを成功させた経営者を講師にお招きしたり、メンバー同士の取り組みについて情報交換を活発に行っています。もちろん、弊社の取り組みもすべてオープンに共有しています。弊社が自分たちで進めてきたDX推進の実話もこのコミュニティで赤裸々に共有しています。

本書でご紹介するのは、このデジタル・プレジデント・ラボ（Digital President Lab）の会員さんか、もしくは講師としてお招きした方々に共有していただいた、本来ならばメンバー限定の貴重なコンテンツやノウハウです。

本書への掲載を快く許可してくださった各企業の経営者の皆さんには、心より御礼を申し上げます。

さて、このデジタル・プレジデント・ラボ（Digital President Lab）の運営を通じてあらためて感じるのは、

「デジタルリメイクを進めるには、強い動機と高め合える仲間が必要」

「成功させた経営者に倣うのが最も近道」

ということです。

参加メンバーの企業規模、業種、地域などは実にまちまちですが、「デジタルという共通の課題について、経営者同士で腹を割って本音で語り合える場」ということで、皆さん隔月の例会を本当に楽しみにしておられます。

そうしたＤＸに真剣に取り組む経営者たちの交流から生まれた、リアリティに満ちた実用性の高いコンテンツやノウハウが本書に収録されています。

本書を通じて、「デジタルを活用して会社を成長させたい」と考える経営者のお役に立つことができれば、これに勝る喜びはありません。

２０２３年８月

株式会社船井総研デジタル　代表取締役社長 社長執行役員

柳楽仁史

2桁成長を取り戻す デジタルリメイク経営　目次

はじめに

序章

なぜDXではなく「デジタルリメイク」なのか？

デジタルリメイク経営の対象領域と進め方

戦略1

事業モデル
──「再成長軌道に乗せる」

戦略2

デジタル企業のM&A
――「〝一発逆転〟の非常識DX」

戦略3

企業ブランド

―「企業としての魅力を高める」

戦略4 バックオフィス

―「時間を創出する」

戦略5

顧客接点

──「利便性を上げる」

戦略6

マーケティングプロセス
――「リードを増やす」

戦略７

経営管理

——「数字に基づいた素早い判断」

戦略8

アナログ文系社員——「デジタル人材化する」

戦略9

ChatGPT
——「実務に取り入れて生産性向上」

戦略10

レガシーシステム
——「失敗しないリプレイス」

序章

なぜDXではなく「デジタルリメイク」なのか？

「とりあえずDX」の恐ろしさ

まず、DXによる変革において、デジタルツールやシステムの導入に伴う投資や運用コストが少なからず発生することが中小企業にとっての最初の壁であり、リスクであることは言うまでもありません。

ただ、金銭的な負担もさることながら、本質的な課題やリスクは、実は違うところに潜んでいます。

それは、目的が曖昧《あいまい》なままDXというバズワードに飛びついてしまい、組織の軋轢《あつれき》、社員の業務負担増、顧客満足度の低下など、望まない逆の結果を招いてしまうことです。

浪費した金銭や時間は、本業が堅調であれば取り戻すことができますが、DXに取り組んだことで社員の不満が高まったり、顧客からクレームが来たりするようになっては本末転倒です。中途半端なデジタル化が、社員の負担を増やしてしまうケースがあります。

たとえば、既存のアナログに依存した業務プロセスを見直さずに最新のデジタルツールを導入した結果、旧来の業務フローとデジタル化された新しいフローを二重に運用することになり、かえって社員の負担と不満を増やしてしまうといったことです。紙の稟議書に固執する一部の役員の主張が容認されたために、紙による申請手続きと、デジタルによる申請が二重で存在してしまう、などはその最たる例です。

また、流行《はや》りのSFA（セールス・フォース・オートメーション＝営業支援システム）やCRM（カスタマー・リレーションシップ・マネジメント）などのツールを導入して、現場当事者の理解が得られないまま、ベンダーが推奨する業務フローに強引に変えようとすると、先祖返りを望む反対派と推進派の対立構造が組織に生まれてしまい、すぐには拭《ぬぐ》えない禍根を残したりします。

最もダメージが大きいのは、顧客の満足度を下げてしまうケースです。

顧客満足度の向上はDXの重要目的の一つですが、顧客志向を欠いたデジタル化によって、逆にユーザーの利便性を下げて顧客の離脱を招いたり、本来は人が丁寧に対応すべき顧客接点において効率を優先したことで、関係性が希薄になってしまうケースも見てきました。

デジタル活用で「どうなりたいのか」という目的をはっきりさせないまま、DXという流行概念に踊らされて、五月雨《さみだれ》式にデジタルツールを導入するのはかなり危険なことです。

こうした悲劇を招かないためにも、DXに取り組む前に「経営のどの領域において、何を達成したいのか」、そして「どういう成果を狙いたいのか」を、経営者自身が自ら腑《ふ》に落として整理し、明確にしておく必要があります。

これを曖昧にしたまま「とにかくDXを推進だ」と、少しデジタルに詳しいだけの人や情報システム室に任せ切りにしてしまった結果、局所的かつ部分最適なシステム導入となり、コストだけが膨らんで企業価値は一向に向上しない、という現象に陥ってしまった企業も少なくありません。

祖業や既存事業こそDXの起点

では、理想的なDXとはどのようなものでしょうか。

それは、デジタルを活用して成し遂げたいことや実現したいことが明確になっていて、そのために必要なデジタルソリューションを最適な方法と体制で適用していくことです。それができれば、会社や事業を一気に再成長軌道に乗せることも夢ではありません。会社をドラスティックに改革して再び成長させること――これがＤＸの最大の魅力です。

成長が止まっていた成熟業種の中小企業が、ＤＸにより年成長率150％以上の高成長企業に変貌した例も数多く存在します。本書ではそうした事例も豊富に紹介しています。

ＤＸの成否の分かれ目は、Ｘ（変革）すべき部分と、すべきではない部分の見極めができているかどうかにあります。ＤＸは、なんでもかんでもデジタルで〝Ｘ〟（変革）すればいい、というものではありません。誤解を恐れずに言えば、昨今のＤＸブームでは、流行に乗って自分たちのツールを販売しようという企業の旺盛な営業意欲を感じます。ただ、安易にこれに乗ってしまうと、その企業の強みや長所まで壊してしまう危険性すらあります。

そこで、本書のタイトルにはあえてＤＸというフレーズを使わず、「デジタルリメイク」という言葉を使いました。

デジタルリメイクというのは、ＤＸよりも直観的に理解できるやさしい言葉でありながら、私たちがＤＸにおいて大切にしているポリシーを的確に表現しています。

すなわち、これまで積み上げてきた貴重な経営資源である事業モデル、顧客、組織、社員を貴重な財産として生かしつつ、その上にデジタルという手段を用いて必要なリメイクを加えていくという考え方です。

つくりのしっかりした家をリフォームすることをイメージしてみてください。新築で家を建てるよりも、躯体《くたい》を生かしてリフォームするとコストは数分の一で済みますし、住み慣れた街や環境はそのままに、生活の質を上げることができます。

つまり、あくまで「祖業あってこそのDX」ということです。祖業を蔑《ないがし》ろにしてまったく新しいことにチャレンジするDXよりも、祖業をデジタルで化粧直しするところから始めるほうが、成功確率は高くなります。

「とにかくX（変革）で現状打破する」「とにかく新しいものをデジタルで生み出す」という極端なイケイケ志向のDXとは少し異なり、どちらかというと業歴も信用もそれなりにある中小企業向けのDXアプローチが、私たちの提唱する「デジタルリメイク」です。

実は、当社もこれを実践して、「船井総研コーポレートリレーションズ」から「船井総研デジタル」へと会社をリメイクしたことで業績を向上させ、今なお、その試行錯誤の真っ只中で奮闘しています。

その過程で経験した挫折や失敗から学んだことを、私たちなりに整理したデジタルリメイク経営として、本書で紹介していきたいと思います。

なぜ社員はＤＸに反発するのか？

中小企業では、「ＤＸに取り組もう！」と経営者が旗を振っても、社員の反応が薄くてＤＸが進まないという光景がよく見られます。ＤＸによる変革は、既存の業務プロセスや業務そのものに影響を与えるので、場合によっては従来の業務がなくなってしまうことすらあります。それに伴う社員のストレスや不満の増大、心理的安全性の低下が、社員がＤＸに反対する理由です。

人は安定を好み、変化を恐れる生き物です。つまり、経営者が変革（Ｘ）を掲げれば掲げるほど、社員の抵抗が増えるというジレンマを生んでしまうのです。

こうした抵抗が、組織内で既得権益を得ている管理職階層において生じることも少なくありません。変革を掲げてアクセルを踏みたい経営者と、そのすぐ傍らでブレーキを踏む管理職という皮肉な構図によってＤＸが頓挫《とんざ》し、現場がさらに混乱してしまうという滑稽《こっけい》な図式は、実は多くの中小企業で見られます。では、どうすればよいのでしょうか。

人が変化や変革に抵抗する理由はいくつか考えられます。

①余計な仕事が増えてつらくなるかもしれないという恐怖心がある

②変革には苦労が付きものという思い込みがある

③変革を受け入れても何も報われないかもしれないという不信感がある

④そもそも変革がなぜ必要なのか理解できない

管理職や社員のこうした不安を経営者が取り除かなければ、それがたとえ社員のためを思った変革であっても受け入れられることはないでしょう。

「変革」という言葉がポジティブに響くのは、あくまでそれを望む経営者や一部のリーダーたちだけであり、大半の社員にしてみればむしろ恐怖や不安を喚起するキーワードなのです。ですから、変革という社員にとってのネガティブワードを、社員目線のポジティブワードに変換して発信する必要があります。

そのために、私たちは次の４つのことを伝えるように意識しています。

①どんないいことが、あなたと周囲に起きるのか（社員目線のメリットの提示）

②なぜやったほうがいいのか、やるべきなのか（背景と理由の明瞭な説明）
③やらないことによるリスクや将来的な問題の発生は何か（危機感や問題意識の共有）
④失敗しても叱らないし、責任は経営者がとると明言する（心理的安全性の担保）

たとえば、ＤＸが進行すれば「残業が減って楽になる」「働く場所と時間の制約がなくなってリモートワークができる」「自分が働く会社のイメージが先進的になる」「生産性が上がって待遇が良くなる」といったメッセージを発信すれば、それ自体には誰も反対しないはずです。

つまり「誰の」「何を」「どのように」より良くするための取り組みなのかを明確にすることが、ＤＸに取り組む以前に大切なことなのです。

間違っても、経営者がどこかで聞きかじってきたツールを現場の実情も理解しないままに、トップダウンで「これを使え」などと一方的に押しつけるべきではありません。最終的にそのツールを使って業務に取り組むのは現場の社員なのです。その人たちに心から「これはいい」と思ってもらえなければ、いずれ使われなくなります。

ＤＸに限らず、現場の社員の自発性はやはり大切です。

経営者がやるべきことは、社員の自発性を促すメッセージを根気強く発信し続けて、「じゃあ、やってみよう」と、DXに向けて飛び込んでくれる最初の社員（ファーストペンギン）が何名か出現するようにすることです。そのためには、時には自分で飛び込んで見せたり、背中を押してあげたりするなどの伴走が必要です。

最初にDXに取り組んだ人たちが楽しそうにイキイキと活躍している姿を見れば、後に続くフォロワーは徐々に増えていきます。トップの方針を明示して、社員の意欲と行動が歯車のように噛み合うようになれば、DXは自走し始め、どんどん加速していきます。

トップダウンの強い力にばかり頼った変革は、抵抗が大きくてなかなか前に進みません。社員の変化に対する抵抗を和らげてモチベーションに変えることこそが、経営者の仕事なのです。

船井総研デジタルのデジタルリメイク経営

私たち「船井総研デジタル」は、もともと2013年に船井総研コーポレートリレーションズという社名で、株式会社船井総合研究所（以下、船井総研）のバックオフィス機能の一部を切り出して分社独立させたものでした。

なぜわざわざ分社化したかといえば、当時の船井総研ではコンサルタントのサポートをする派遣社員やパート社員を部署ごとに各部の裁量で自由に採用していて、業務フローもバラバラで無駄が生じていたからです。そこで、派遣社員とパート社員を一元化する部署をつくり、後にそれを分社化しました。

ですから創業当初は、社員の8割以上が女性の派遣社員とパート社員という構成で、彼女たちの会社へのロイヤリティもそこまで高くはありませんでした。分社化されたのも、派遣・パート社員の数が多くなりすぎて、かさんでいたコストを標準化によって圧縮するためでした。当初の取引先も船井総研を中心としたグループ各社のみで、非常に営業力の弱い会社でした。

こうしたグループ内取引に頼っていては将来がないと考えた私たち経営陣は、なんとかして会社を自立させようと、社員に発破をかけ続けました。その第一段階が「生産性向上による余力創出」です。すでに存在する仕事だけをやり続けていては、ジリ貧になってしまいます。そこで、各人が生産性を高めて、その結果生じた余剰時間で新規ビジネスを創出しようと語りかけました。そのために必要だったのが「デジタル化への取り組み」でした。

といっても、「会社のためにがんばってほしい」といくら経営陣が声高に叫んでみても、派遣・パート社員には一向に響きません。そこで「会社のため」ではなく、「皆さんの処遇向上のため」を強調することにしました。つまり「デジタル活用によって生じた余剰時間を、高付加価値事業に振り向け、それによって得られた利益を社員に還元したい」というメッセージを朝礼や会議で繰り返し社員に伝えたのです。

すると、数人の女性社員が、初めて使うRPA（ロボティック・プロセス・オートメーション）やローコードを駆使して自身の業務改善に取り組み始めました。そしてそれを外部のお客様に提供できるサービスにまで昇華させて、みるみるうちにたくましく育っていったのです。彼女たちは、もちろんエンジニアでもないし理系出身でもない、普通のアナログな事務員でした。

かつて、システムやデジタルツールを駆使するには、相応の専門知識やスキルが必要でした。そのような時代には、彼女たちのような文系アナログ社員は、それを「使う」というよりは「入力する」「操作する」のが精一杯でした。しかし今では、ローコードやノーコードのSaaS（※）ツールやRPAの出現によって、こうしたデジタルツールを駆使して業務や自社サービスを「自らの手で」リメイクできるようになったのです。ですが、だからといって経営者や上司が「ITの勉強をしなさい」「資格をとりなさい」と言っても、それだけでは現場には何も起こらなかったでしょう。

まずは、「やってみたらできた」「いろいろなことができて楽しい」「これを使ってこんなことがしたい」「仕事をするうえでこんな自分になりたい」「自分の仕事で周囲に貢献したい」といったイメージが順々にクリアになる過程を通じて、そのために必要なデジタルスキルの習得に向けて本気で動き始めるようになっていったのです。

自発的に取り組むようになった彼女たちは、経営陣が驚くほど短期間のうちに次々と成長を遂げていきました。

※ SaaS（Software as a Service）……クラウドを介してソフトウェアをサービスとして提供するビジネスモデル

デジタルリメイク経営の対象領域と進め方

デジタルリメイク経営のゴールとステップ

いわゆるＤＸの最終的なゴールはどこかといえば、それはデジタル技術の活用による新たなビジネスモデルの創出や業態の変革です。

成熟化と共に縮小した祖業の市場から、デジタル技術を応用して新しい市場に進出する、あるいは、これまで対応できていなかった顧客からの要望に、デジタル技術を駆使して対応できるようになる。こういったことこそ、多くの企業がＤＸに望んでいることではないでしょうか。

しかし、デジタルを活用した新ビジネスの創出は、なかなか一足飛びにはできません。その前に、まずは自分たちの目の前の課題をデジタルで解決できるようになる必要があります。あくまで、ここが出発点なのです。私たちは、まずは単純なデジタル化から始めて、次に応用としてのデジタライゼーション、最後にＤＸで事業モデルのデジタルリメイクというロードマップを描いています。どういう段階を経てゴールに辿り着くのかというイメージを明確にしておくことが大切だからです。

デジタルリメイク経営11の戦略

次に重要なのは「どの領域から手を付けるか」ということです。結論から言えば、どこからでも構いません。経営者自身が得意とする領域、デジタルに精通した社員が多い領域、やる気のある社員が多い領域など、やりたいところ、着手しやすいところから始めるといいでしょう。大事なのは「初動を喚起すること」だからです。

ただ、大まかな領域分類はあります。当社では、デジタルリメイク経営を成功に導く方法として11の戦略を用意しています。

戦略❶事業モデルのデジタルリメイク

デジタルリメイクの本丸が、この「事業モデルのデジタルリメイク」です。

事業モデルのデジタルリメイクは、成熟化と共に成長が鈍化してしまった本業や祖業を、デジタルテクノロジーを活用して再成長軌道に乗せようというものです。

図表0-1 企業におけるデジタル技術活用の3段階

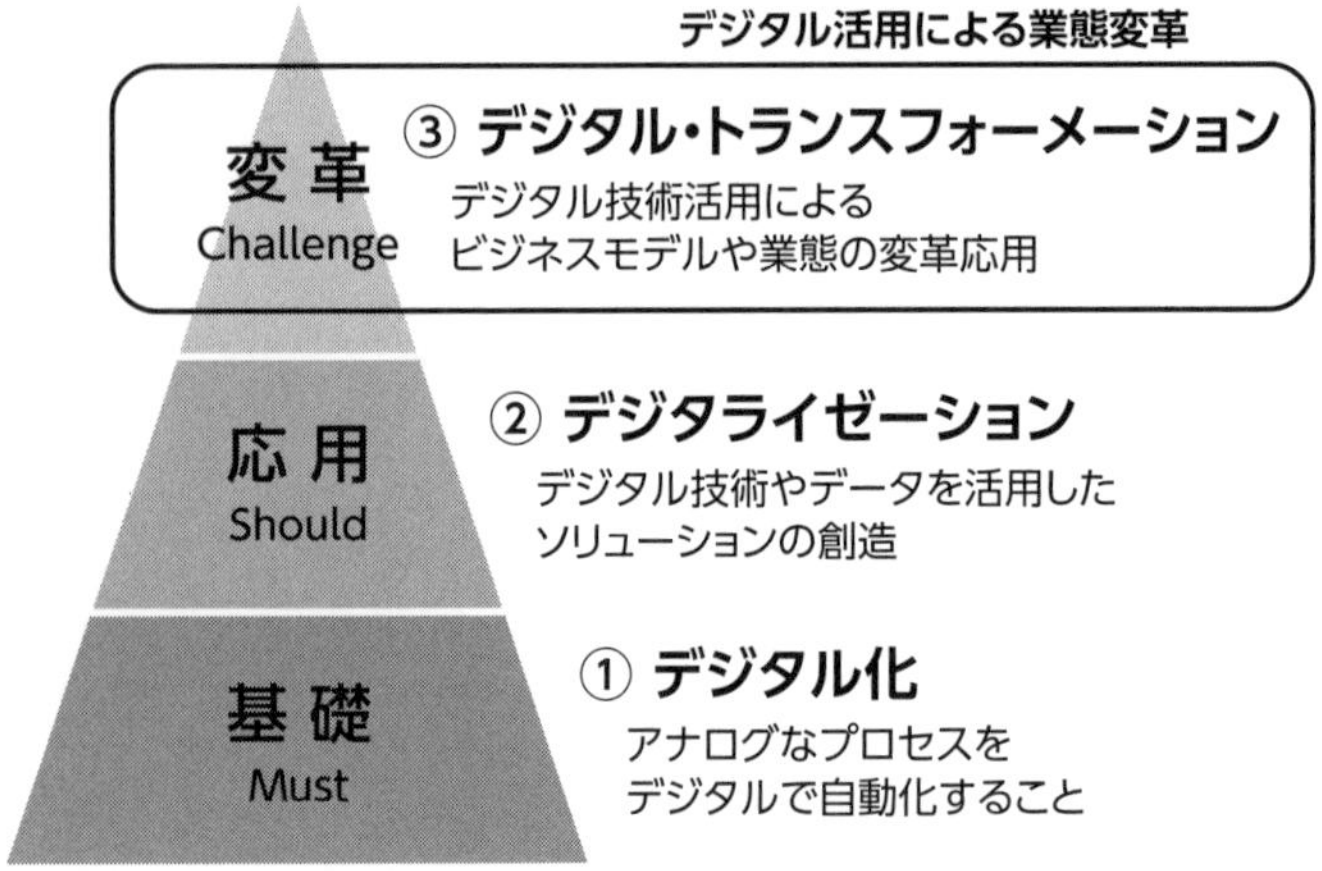

デジタルリメイクで生じた余力、その過程を通じて蓄積されたノウハウ、そして出来上がったデジタルプラットフォームなどを利用して、新たな市場に進出したり、新事業を立ち上げたりするのです。自社で行ったデジタルリメイクの取り組みに汎用性を持たせて、他社や他業種でも使えるようにするのです。つまり、自社で成功したＤＸのプラットフォームや仕組みを、他社にも提供してビジネスにするという発想です。

昨今、業種特化型のSaaSや、人事や経理などのプロセス特化型のSaaSが世に溢れていますが、これらは実際に現場での実証実験や利用テストを繰り返してからリリースされていま

図表0-2 デジタルリメイクの対象領域

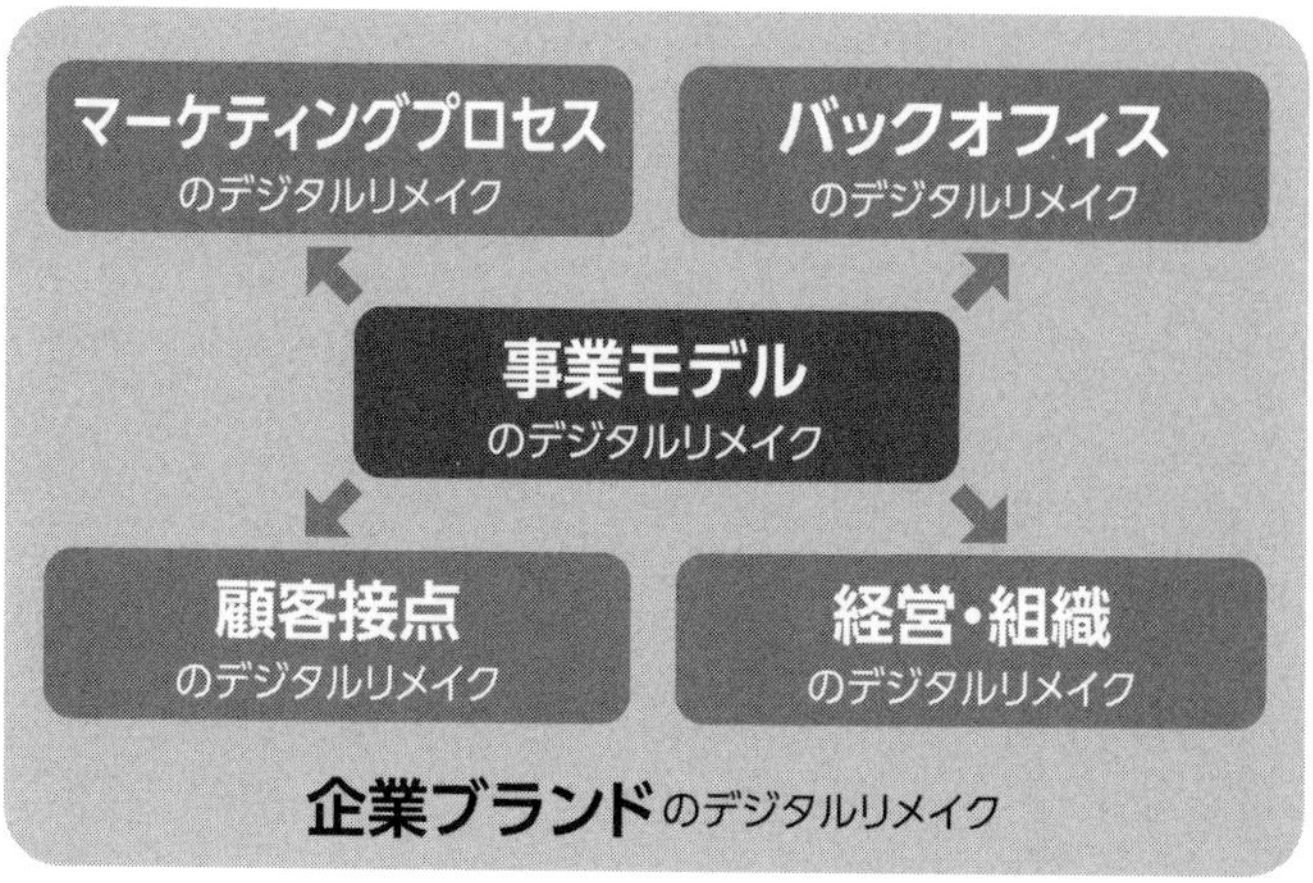

着手しやすいリメイク領域から始める(まず初動を起こす)ことが重要

す。自社の経営現場で実際に運用できていて、かつ成果が存分に上がっているということは、この実証実験やテストのプロセスは概ねクリアしていることになりますし、DXがうまくいっている会社で開発・運用されているシステムを安価に利用できるのならば、それは同業他社や類似業界にとって魅力的に映ります。莫大な開発費を投じてリスクを冒す必要はないし、完成まで何度も試行錯誤を繰り返す必要もなく、使ってみてダメだったらいつでも使用を中止できるという大きなメリットがあるからです。

もちろん、自社利用を前提としたシステムを他社が利用できるようにするには、それなりの環境構築やカスタマイズが必要ですが、最初から他社利用を想定してクラウド上に開発しておけば、その壁も難なく乗り越えることができます。実際に、さまざまな業種でこうした取り組みに挑戦する企業が増えつつあります。

たとえば、宿泊業において、客室の修繕や備品調達の手間やミスを減らすアプリを自社開発し、それを同業他社に提供している地方のホテルがあります（Ｃａｓｅ１参照）。あるいは、煩雑かつ大量の見積作業をＡＩ活用で半自動化したプラスチック成型メーカーが、そのＡＩ自動見積もりシステムを他社に提供する、といった事例もあります（Ｃａｓｅ２参照）。

戦略❷Ｍ＆Ａによるデジタルリメイク

基本的にデジタルリメイクというのは、社内メンバーを中心に推進していくものですが、デジタル人材をコツコツ採用したり、経営の領域や業務のプロセスごとに少しずつデジタル化を推進したりするのは、やはりかなりの時間と労力を要します。

一方、デジタルリメイクを高速で展開している会社が行っているのが、Ｍ＆Ａという手段です。実は、当社も２０２２年に新和コンピュータサービス株式会社というシステム会社とＭ＆Ａで合併したことを契機に、株式会社船井総研デジタルへと社名変更して一気にデジタルリメイクが進みました。

M&Aという手段は、買ってもいいと思える会社がちょうどそのタイミングで売りに出ているかどうかがわからないですし、M&A後の会社統合は、かなり膨大なタスクを伴います。また、異なるカルチャーを持つ会社を一つにするのは一朝一夕にはいきません。しかしそういう手段も選択肢の一つであるということを知ってアンテナを張っておくと、自社とマッチしそうな会社が売りに出てきたときに買い手として手を挙げることができます。

デジタル会社のM&Aというのは決して難易度は低くありませんが、調べてみると意外に普通の中小企業でも実行している例もあるので、挑戦してみる価値はあります。

戦略❸企業ブランドのデジタルリメイク

企業ブランドのデジタルリメイクとは、古臭くなってしまった会社のイメージを刷新できるよう、社名・パーパス・ミッション・ビジョン・バリュー・事業名称等をリニューアルすることです。

たとえばソニー株式会社は、1958年に社名を東京通信工業から変えたことで、世界に通用するメーカーというイメージにリメイクしました。パナソニック株式会社が松下電器産業から社名を変更したのは、２００８年のことです。また、世界的に有名なキャラクターの「ハローキティ」で知られる株式会社サンリオは、１９７３年まで山梨シルクセンターという社名でした。

こうした馴染みのある企業の社名の変遷を振り返ってみると、企業の成長に合わせてブランドを刷新する大切さがわかります。実は、当社も船井総研コーポレートリレーションズから船井総研デジタルに社名変更したことでデジタル人材の応募が増えて、採用がかなり楽になりました。

社名やブランド名は対外的な顔になるのでたいへん重要ですが、社名だけを変えればいいというわけではありません。同時に、新たな社名の下、果たすべきパーパスやビジョンを再定義し、それをミッションやバリューに落とし込む必要があります。また、それらを表現するホームページの刷新もしかりです。オフィスのデザインや雰囲気、働き方も社名に相応しいように変えていくことになります。服装や社内文化などもできれば今風にしていきたいものです。私たちもデジタルを社名に冠するに相応しい社風にしようと、経営陣が率先してビジネスカジュアルを実践しています。

企業ブランド（社名）のデジタルリメイクに最初に取り組むのであれば、並行してさまざまなリメイクを進める必要があります。つまり社名変更は、デジタルリメイクのセンターピンであると言っても過言ではありません。

戦略❹バックオフィスのデジタルリメイク

私たち船井総研デジタルは、このバックオフィスの部分から着手しました。というのも、すでに述べたように当社はバックオフィス業務の実務集団であり、現場の社員が最も精通した領域からのほうが着手しやすく、成果も出しやすかったからです。

バックオフィスのデジタルリメイクは、デジタル活用によって生じた余剰時間を、付加価値の高い業務や売上に直接貢献できる業務に振り向けることで、会社の成長エンジンへと変化させることが最終目的になります。

そもそも、なぜバックオフィスに低付加価値業務が多いかというと、営業予算などの定量目標がないために数字意識が低いこと、また、経営陣や営業部門などから雑用やルーティンワークを頼まれやすく、それをそのまま抱え込んでしまいがちなことが挙げられます。

そこで私たちは、バックオフィスの作業を可視化・定量化し、時間や労力のインプットに対してどれだけのアウトプットを生み出しているのかを継続的にモニタリングしています。そして、「デジタル活用で生産性をどれだけ高められるか」というKPI（キー・パフォーマンス・インディケーター＝重要業績評価指標）目標を業務ごとに具体的に設定して、PDCAサイクルを回しました。

バックオフィスの定義はさまざまですが、ここでいうバックオフィスには営業サポートなどのミドルオフィスの事務仕事も含みます。このミドルオフィスまで含めると、会社の中でバックオフィスが占める割合は大きく、デジタルリメイクによる効果も大きくなることがわかります。データ入力や伝票入出力といった事務仕事は、デジタル化によって最も恩恵を受ける領域です。

戦略❺顧客接点のデジタルリメイク

後述のマーケティングプロセスは新規顧客の開拓についてですが、同時に既存顧客との取引接点のデジタル化も重要なテーマです。たとえば、定期的に新しいカタログを送付して注文を受け付けるような業態の場合、紙のカタログをデジタル化してウェブサイトで公開するだけでコストカットができますし、さらにウェブサイトで注文を受け付ければ、注文書や伝票を受け渡しする手間もスピードも大幅に省くことができます。

顧客接点のデジタルリメイクは、定型化されたフローが多くデジタル化しやすいのですが、顧客に対してもデジタル化を強いるところに難しさがあります。たとえば、馴染みの顧客が紙のカタログに固執したり、ウェブでの注文方法が難しいからと従来通り電話やFAXでの注文にこだわったりした場合、それを断るのはなかなか難しいものです。

当社の場合は、セミナーへの集客業務（紙のDM送付→FAXによる申込受付→紙の受講チケット発送）をデジタル化したことで、印刷代や人件費などのコストを大幅に圧縮することができました。その際、デジタルに不慣れなお客様には電話で丁寧に操作方法を説明し、不便になる方が出ないようにできる限りの配慮をしました。その結果、ほとんどのお客様からは利便性が高まったと好評価をいただけました。また、他社の事例としては、アナログな方法に固執する顧客からは手数料を受け取ることで、完全なデジタル化に移行した企業もあります。

戦略❻マーケティングプロセスのデジタルリメイク

マーケティングプロセスのデジタルリメイクとは、わかりやすく言えば、ウェブサイトやSNS、メルマガ、ブログ、動画サイトなどを使って集客を行い、その中からリード（見込み客）を発掘し、新規顧客を開拓することです。

いわゆるウェブマーケティングはここ10年でかなり一般的になりましたが、業種や業界によって取り組みレベルに差が見られます。これは、取り組みが後れている業界は、先行して取り組んでいる他の業界から学ぶことで大きな成果を上げることができることを意味します。

また、ひとくちにウェブマーケティングと言っても、そのノウハウは日々進化を続けています。最近ではＡＩを使って効果的な広告を出稿するシステムも整備されており、やり方次第では競合に差をつけることができます。

マーケティングプロセスのデジタルリメイクは、売上に対する影響が大きいので、多くの企業が関心を持つところです。とはいえ、従来型の営業やマーケティングとはプロセスが大きく異なるので、それなりのスキルと経験値が必要です。

戦略❼経営管理のデジタルリメイク

経営管理にはさまざまな意味合いが含まれますが、ここでは経営の意思決定に必要な情報を収集・分析し、適時的確に経営層と共有するという意味で使っています。たとえばＢＩ（ビジネス・インテリジェンス）ツールをうまく活用すれば、意思決定に必要な情報が適時・的確にダッシュボード上で見られるようになります。

ＢＩツールとは、組織内のデータを収集・分析・可視化し、意思決定やビジネス戦略の策定に役立つ情報を提供するソフトウェアのことを指します。

また、ダッシュボードとは、車の運転席にあるスピードメーターや燃料計などの計器類が組み込まれたパーツ一式と同じで、会社を経営するのに必要な情報をリアルタイムで表示するものです。

こうしたダッシュボードのない状態で経営するのは、スピードメーターも燃料計も運転席に付いていない車を運転するのと同じですから、考えてみれば恐ろしいことです。人力でもそうした指標は抽出・分析できますが、都度その収集と分析に時間と手間を取られてしまいますし、リアルタイムの会社の動きとタイムラグが生じてしまいます。

もしそれらの元データがすでに各種システムに最新の状態で蓄積されていれば、経営者が見たいときにいつでも必要な経営情報を抽出してダッシュボードに常時表示させておくことができます。

これによって、ズレのない判断や意思決定ができるようになります。

戦略❽アナログ文系社員もデジタルリメイク

デジタルに疎いとか、文系でまったくコンピュータに詳しくないなど、そういう人材であっても、今の時代はデジタル人材になることができます。というのも、以前はソースコードという数式のような文字列を書くことができなければコンピュータを動かすプログラムを組むことができませんでしたが、今ではローコード・ノーコードといったツールが一般的になってきたからです。

ちなみにローコードのローは「低い」の意味のＬＯＷで、最小限のコーディングしか要求されないツールを指します。ノーコードのノーはＮＯで、コーディングが必要ないツールを指します。

ローコード・ノーコードの進化は著しく、どんどん新しい機能が追加されて使いやすくなってきています。ちょっとしたアプリを自分でつくって業務を自動化することが、エンジニアではない普通の人でもできるようになってきました。とはいえ、最低限のスキル習得は必要です。当社では、ローコード・ノーコードを使いこなせる若手をほんの数人育成し、彼らをベテラン社員と組み合わせることで業務のセルフ自動化を推進しています。

最初はツールを使えなかったベテラン社員も、若手と一緒に二人三脚で業務改善をしていくうちに徐々に使えるようになっていき、自分たちで「次はあの業務を自動化しよう」という具合にデジタルリメイクの自走化が始まります。

実務には詳しいもののデジタルリテラシーの低いベテラン社員と、デジタルに明るい若手社員を組み合わせることで、業務へのローコード・ノーコード活用が進んでいきます。やがてデジタルに疎かったベテラン社員もツールを使いこなせるようになり、周囲の社員に使い方を教えられるようになっていきます。

戦略❾ChatGPTを経営や仕事に活用する

ChatGPTは米OpenAI社が開発した自然言語処理モデルで、会話や質問応答に使用される人工知能です。ご存じの通り、昨今世間の注目を大きく集めて爆発的な勢いで普及しています。

その理由として、自然な会話ができること、考える能力を持つこと、そしてシンギュラリティ（技術的特異点）を感じさせるツールであることが主な理由として挙げられます。これまでのような単なる検索とは異なり、対話を通じて世界中の知恵や経験値をもたらしてくれるChatGPTが、「自分たちの補助頭脳になるかもしれない」という期待感の高まりがあるのだと思います。

このChatGPTをいかに経営や業務に活用すべきか、世界中の企業がこぞって研究を始めています。たとえば、カスタマーサポートや社内ヘルプデスク、情報収集や調査分析、コンテンツ作成など、さまざまな活用方法があります。また、経営者やビジネスマンの個人レベルでも、うまく使いこなせば仕事の生産性を飛躍的に高めることができます。アイデア出しや伝え方、スピーチや挨拶のヒントをもらうための壁打ち相手としても活用できます。

ChatGPTを利用する際の注意点としては、入力情報と出力情報の取り扱い、回答の正確性の確認、情報の鮮度などがあります。企業が安全かつ有効に利用するためには、Azure OpenAI Serviceの活用や、ChatGPT PlusやChatGPT APIの導入も考慮すべきです。なお、こうした横文字ツールについては、後でわかりやすく解説します。

戦略⑩レガシーシステムを刷新する

せっかくデジタルリメイクをしようと思っても、古い基幹システムが業務フローの真ん中に居座っているためにクラウド化が進められない、使いたいツールが導入できない、導入しても基幹システムと連携できない、などといった事態が起きることがあります。しかし、デジタル技術は日進月歩で進化していくので、古びたシステムを残したままでは、そこがボトルネックになって必要なリメイクが進みません。

そのようなレガシーシステム（時代遅れの基幹システム）は、導入時から莫大なコストをかけて保守・管理をしてきています。企業としても今さらそれを捨ててまったく新しいシステムに入れ替えることをためらうのは、当然のこととも言えます。

また、古い基幹システムを根本的に変えて最新システムを導入するには、かなりの投資と労力、それに大きなリスクが伴うので、誰も手を付けたがりません。経営者も情報システムの担当者も、実は問題を認識しながらも「まだ動くし、いいか」と見て見ぬふりをして使い続けています。

たとえば、レガシーシステムを入れ替えるときにいちばん抵抗しがちなのは、そのシステムをいちばん使っている既得権益者です。他の人にとっては使いにくいシステムも、その人にとっては慣れ親しんだいちばん使いやすいものだからです。

また、入れ替えに際しては既存の業務フローの見直しとダイエットが必要です。業務フローのダイエットを行わないまま新しいシステムに入れ替えようとしても、結局、あちこちで余計なカスタマイズや追加開発が必要になってしまい、また新たな別のレガシーシステムを生んでしまうことにもなりかねません。本書では、このようなレガシーシステムの問題を解決するに際して、注意点や失敗しにくい手順、開発を依頼するベンダーを選定する際の見極め方や注意点にも触れています。

戦略⓫経営者のデジタルリメイクで説得力強化

実は企業のデジタルリメイクを推進するうえでの最大の足かせは、経営者自身のデジタルリテラシーの低さです。デジタルのことをまったく理解していない経営者がデジタルリメイクを進めようとしても、当然のことながらうまくいきません。経営者がある程度の知識を持っていないと、正しい判断や意思決定ができないからです。

先日も、「現場が必死にデジタルツールを使っているのに、デジタルに疎いオジサンが上にいるから、結局そこを通すときにはアナログに戻さないといけない」という不満が、匿名の社員アンケートに書かれているのを目にしました。

たとえば、会議をペーパーレス化しろという指示を出した経営陣が、「やっぱり資料にメモを書き込みたいから紙で配ってほしい」と言い出したりするのがその最たる例です。経営者がデジタルに疎いままだと、その周辺でどうしてもアナログ返りが起こってしまうのです。

そういう意味で、実は何よりも真っ先に着手しなければならないのが、「経営者自身のデジタルリメイク」なのです。先頭に立ってＤＸの旗を振るのは経営者なのですから、その経営者がまったくデジタルを理解していないと、社員はついてきませんし、ミスリードしてしまいます。トップがある程度デジタルのことを勉強していると、自信を持って方針を示せますし、説得力も増します。デジタルリメイクの精度や速度も上がっていきます。

経営者がコードやプログラムを書けるようになる必要はありませんが、自社で導入したツールは自分でもある程度は使いこなせるようになっておく必要はあります。そうでないとシステム導入の効果や価値を体感的に測定できませんし、何より現場のスピードについていけなくなります。また、これから自社で導入を検討しているデジタルツールのことも最低限理解しておかないと、導入の可否判断ができません。

さらにもう少し視野を広げて、経営に必要なシステムの全体像や、他社がどのようなシステムを導入しているか、どのようにＤＸを推進しているかということを自身の関心事に加えてアンテナを張っておくことで、ＤＸの大まかなトレンドや潮流を摑むことができます。

本書では、「デジタルに苦手意識があって、今まで避けて通ってきた」という方のために、デジタルに対する苦手意識の克服方法を解説しています。

本書の読み方

本書は、デジタルリメイクの領域や、それを進める際の注意点ごとに、独立した章で構成されているので、興味・関心のある章から読んでいただくことが可能です。

もちろん、前から順番に読んでいただくことをお勧めしますが、「この章はちょっと興味がないな」と途中で思ったら、次の章にスキップしていただいても問題ないようにつくられています。

できるだけ、デジタル関連の専門用語や難しい表現を使わないよう心掛けましたので、どうか気楽に最後までお付き合いください。

戦略1

事業モデル

「再成長軌道に乗せる」

狙うべきは祖業や既存事業のデジタルリメイク

事業モデルのデジタルリメイクには、主に3つの方向性があります。

ここではいくつかの事例を通じて、貴社の事業に合ったデジタルリメイクを考えてみましょう。図表1－1をご覧ください。左上は既存市場や顧客に、既存商品・サービスを提供するものです。つまり、既存の事業モデル（＝本業）になります。本業の好調・不調にかかわらず、そこには多かれ少なかれ課題が必ず存在するはずです。

デジタルリメイクすべき領域は、まず本業の中にあります。実は、そうした本業そのものや、その周辺にある課題をデジタルで解決していく過程やその先に、新規事業の種があります。これを育てていくことが、事業モデルのデジタルリメイクに繋がります。

たとえば、私たち船井総研デジタルの場合は、本業でもあったバックオフィス業務における低付加価値な単純作業をデジタルで自動化して、生産性を大幅に改善しました。これは図の左上にある「①本業の課題をデジタルで解決する」ということです。そして、そこを軸足にして図の右側のボ

図表1-1　デジタルリメイクすべき領域の探し方

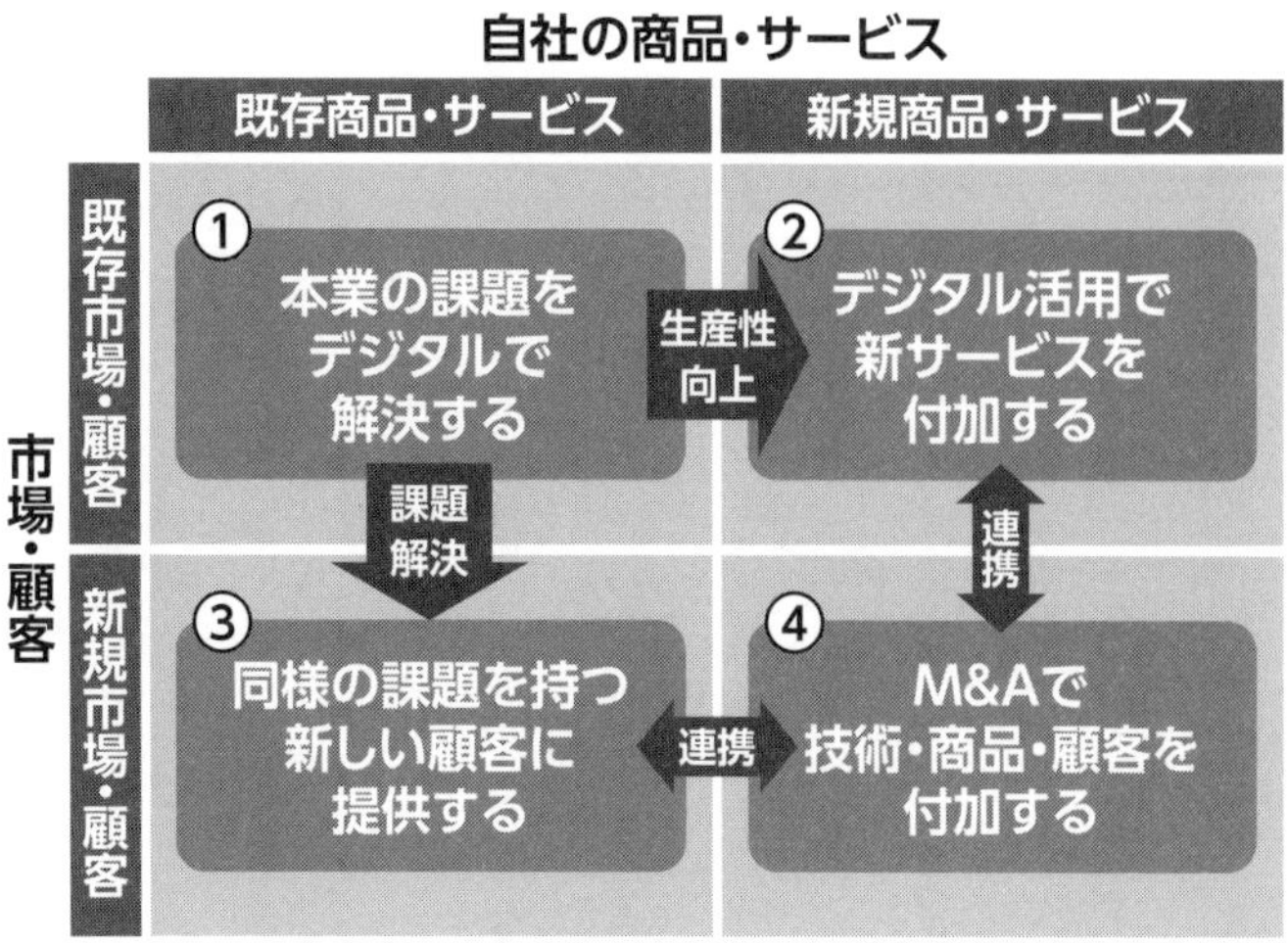

ックス「②デジタル活用で新サービスを付加する」に踏み切りました。デジタル活用で既存業務の生産性が上がったことで生まれた余剰リソースを使って、既存顧客に新たな商品やサービスを提供していったのです。

また、左上の「①本業の課題をデジタルで解決する」というボックスからは、下方向の「③同様の課題を持つ新しい顧客に提供する」にも繋げることができます。本業の課題を解決する過程で構築したシステムやプラットフォームを、同じような課題に悩む他社に提供するのです。

当社では、もともと多かったアナログ社員をリスキリング（再教育）するために、ノーコード・ローコードの活用スキルを習得させることを決め、専用のeラーニングのカリキュラムとその受講管理プラットフォームを構築しました。後にそれを一般公開し、新たにデジタル人材育成事業として展開しています。

そして残るは右下の「④M&Aで技術・商品・顧客を付加する」というボックスですが、これについては戦略2で詳述します。

ここでは①~③のボックスのイメージが湧きやすいように、それに関連する他社の事例もご紹介しましょう。

Case 1

宿泊業特化型アプリの開発で業務改善と外販収益の獲得に成功

株式会社エクセルインは、名古屋でビジネスホテル業などを営む社員数15名の会社です。現社長の苅谷さんは、先代から2014年に経営を引き継ぎました。

一般的に、ホテルや旅館などの宿泊業界はバックヤード領域の業務負担がことのほか大きく、特に部屋の修繕や備品手配に関するミスや、抜け漏れが多発しやすいという課題を抱えています。こうした業務は、複数の部署やスタッフ間での密な連携とコミュニケーションが不可欠なのですが、情報の伝達や共有がきちんと行われず、手配ミスによるロスが頻発しがちです。

たとえば、現場の清掃スタッフや修繕担当者が、必要な備品や修繕作業に関するリクエストを、それを手配する支配人や本部担当者に正確に伝え切れなかったり、逆にそれを受けた側がうっかり手配を忘れてしまったりといったミスが発生しやすいのです。

こうしたミスの原因のほとんどは、紙や口頭といったアナログなコミュニケーションにあります。

苅谷社長が先代から経営を引き継いだときには、同社の現場も同じような状況で、経営としても赤字の状態でした。苅谷社長はそうした状況を打破するべく、自らのリーダーシップの下で「宿泊施設に特化したメンテナンスアプリ」の開発に乗り出しました。一言で言うと「現場と管理者をリアルタイムに繋ぐアプリ」です。

清掃や修繕の担当者が、必要な備品や修繕箇所を現場でこのアプリに入力すると、即座に支配人や管理者に通知が届き、それを管理者が手配承認すると、そのまま取引先への発注手配ができるという機能を備えています。もちろん、その履歴はデータに蓄積されます。

エクセルイン名古屋熱田では、このアプリの導入によってそれまでのミスが激減して、生産性が向上しただけでなく、日々の修繕データが蓄積されたことで、機会損失の回避と修繕外注費の削減を実現しました。修繕にかかる所要期間の把握と分析ができるようになって修繕期間が大幅に短縮され、その結果、年間144万円の売上機会損失が回避されました。また、蓄積された過去の修繕方法を参照することで修繕の内製化が実現し、年間60万円の外注コストを削減することにも成功しました。

そして、後にこのアプリは「Hotekan」と名付けられて、全国のビジネスホテルチェーンや高級旅館に本格的に提供されていきます。そのための営業と運用の体制も別会社でしっかりと整えています。苅谷社長は今後のビジョンとして、旅館・ホテルなど宿泊業界を主軸に、その他の業界にも展開を広げていくことで、１０００施設への導入を目指しているとのことです。

また、苅谷社長は、こうしたアプリの開発や運用を行ううえでの大事なポイントを次のように語っています。

・システム化やアプリを開発する前に、現場の意見を絶え間なく収集する
・操作する人が日常的に使いやすいアプリを開発する
・関わるすべての人に感謝の気持ちを伝え、表現する

このようにして、同社は自社開発の宿泊業特化型アプリによって、業績改善と外販収益の獲得に成功しました。こうしたビジネスモデルのデジタルリメイクの取り組みが、会社の成長と将来展望だけでなく、業界全体に対してもポジティブな影響をもたらしています。

さらにもう1社、自社の業務改善をビジネスモデルのデジタルリメイクに昇華させている会社の事例を詳しくご紹介します。

Case 2 見積もり工数をAIで削減。他社にも販売して事業化

静岡県にある株式会社プラポートは、社員90名、売上10億円のプラスチック部品メーカーです。同社に限ったことではないのですが、こうした部品メーカーというのは、価格競争に晒されて単価を叩かれることが多くあります。

宮季さんが社長に就任後にまず行ったのは、自社のサービスに突き抜ける感動を与えることでした。そのために取り組んだのが、「業界ナンバーワンのスピードで納品すること」です。それまでは、金曜日に受注したら納品が翌々週の金曜日と2週間かかっていたのを、現在では〝金受月着〟と言われるように、土日に仕事をして月曜日には納品できるよう、4日間にまで短縮しました。

納品の短縮にあたってネックになったのが見積もりの作成です。見積もりの作成には手間がかかるものですが、同社ではそれまで、勘と経験が頼りの経験豊富なベテラン5名しかできない属人性の高い仕事になっていました。にもかかわらず間違いによるタイムロス・チャンスロスが発生していたのです。

そこで宮季社長は、官公庁の補助事業に認定されたことをきっかけに、AIの画像認識技術を活用した見積もりの半自動化システムの開発に着手しました。そしてAIが見積もりと図面のパターンを認識し、それらと新たな見積もり対象図面との一致度を解析するシステムを完成させました。注文内容にかかる施工金額をパターン化することで、それまで見積もりにかかっていた時間を大きく短縮することに成功したのです。

「SellBOT」と名付けられたこのシステムの強みは、図面をもとに見積もり作成までできることです。当時、図面管理システムはほかにもありましたが、見積もりまでできるシステムはほとんどありませんでした。このAI見積もりシステムが社内でかなり好評だったため、同じような課題に悩む他社に販売できないか検討し、かつ他社に簡単に真似されないように外部企業の見積もりシステム連携機能を取り入れることにしました。

見積もりがシステム化できず属人的になっている理由の一つに、日々変動する材料費をその都度調べなくてはならないということが挙げられます。SellBOTの開発にあたり、大手材料卸企業が構築している材料見積もりシステムと連動することで、自動的に加工コストまで算出できると目論んだのです。この企業との提携を独占契約にすることで、他社には真似できない利便性の高いシステムが完成します。

その結果、樹脂加工業界で「早くて翌日、普通は2〜3日」と言われていた見積もりを、プラポートでは入社2カ月の女性スタッフが最速10分で算出できるようになり、チャンスロスが減るなどで、受注率も10％アップしています。

SellBOTの反響は大きく、リリースから9カ月で300社以上からの問い合わせを獲得し、上場企業との契約も決まりました。そして後に、このシステムの販売を専門に行う子会社「REVOX」を設立して、さらに普及に力を入れています。地方の下請けメーカーが、自社の本業のデジタルリメイクを通じて新たな事業モデルの立ち上げに成功した事例と言えます。

自社の成長のためにはベンチマーク企業が必要

デジタルリメイクの方向性がおぼろげながら見えてきたら、次はそのイメージをよりクリアにすることで、成功確率がさらに上がります。そのための有効な手法があります。

それが自社にとっての「ベンチマーク企業」を探すことです。

ベンチマークというのは「指標」や「基準」という意味で、本来は測量のための基準点を示す言葉ですが、ビジネスにおいては「目標となるライバル」を指すことが多いです。もちろん、その戦略やビジネスモデルから成功要因を学べるのもさることながら、むしろ「あの会社ができるのであれば自分たちでもできるはず」という意識を醸成できる意義も大きく、常にベンチマークを設定してそれを乗り越えていこうとすると、成長軌道に乗る確率も上がっていくのです。

たとえば陸上競技の100メートル走では、1968年にアメリカのジム・ハインズ選手が公式に10秒を切って以来、9秒台で100メートルを走るというのが一流選手の証《あかし》となっています。しかし、日本人選手は1998年に伊東浩司選手が10秒ジャストの記録を出したものの、10秒の壁を破ることができず、「日本人には10秒を切ることができない」とずっと言われていたのです。ところが2017年に桐生祥秀選手が初めて10秒を切ると、毎年のように10秒を切る選手が新たに出現するようになりました。

ここから得られる学びは、「あの人ができるなら、自分もできる」というポジティブな暗示があれば、壁を突破できるということです。つまりベンチマーク先が見つかれば、目指すべき目標や学ぶべき対象がより明確になるのです。

ただ、実際に適切なベンチマーク先を探すのはなかなか簡単ではありません。

最初のステップとしては、自分たちの市場あるいは業界の中でベンチマーク企業を探すという作業が必要ですが、このときに、つい「なんとなく知っている会社」から選んでしまいがちです。もともとライバル視している企業、業界で有名な企業、地元の老舗企業、社長と仲が良い企業等々……それらをベンチマーク先にするのも間違いではありませんが、自社と業績がさして変わらない企業の場合、せっかくベンチマークしても新たな視点や参考になる部分も少ないものです。

ベンチマーク企業は、既知の有名企業よりもむしろ、同じ市場や業界の中で明らかに成功していたり、現在進行形で成長している企業の中から選ぶべきです。知らない会社にこそ、学ぶべきことが眠っているからです。売上成長率が高い、収益性が高い、若手をどんどん採用している、といった会社の戦略や業容をベンチマークすると、多くのヒントと新たな視座が得られます。

ちなみに、ベンチマーク企業の選定は、社長自らが時間をつくって行うことが重要です。「正しいベンチマーク先」を見つけるためには社長の俯瞰《ふかん》した視点が必要だからです。

具体的にベンチマーク企業を設定する手順は、大まかには次の3ステップです。

①事業ドメインが近い中で、成長している企業を見つける
②その企業が成長している要因を見つける
③ベンチマーク企業を共通言語にして、その真似を始めてみる

それぞれの内容について、詳しく解説していきます。

❶事業ドメインが近い中で、成長している企業を見つける

「事業ドメインが近い中で、成長している企業を見つける」には、一定の基準が必要です。当社では「持続的成長目標（40％ルール）」を一つの目安にしています。この持続的成長目標（40％ルール）とは、アメリカでSaaSの新興企業を評価するための枠組みとして提唱された考え方です。こ

れは、SaaS企業の売上成長率のパーセンテージと営業利益率のパーセンテージを足して合計で40％以上であれば投資対象として適格と見なすという考え方です。売上成長率の高い企業は高成長であり、営業利益率の高い企業は高収益ということになりますが、高成長と高収益の両方を総合評価する指標として使えます。

40％を超えることがたいへん難しい業界の場合は、40％に達しないとしても、売上高成長率と営業利益率を足したパーセンテージが業界平均を大きく超えている企業を探せばよいのです。また、上場企業の場合は、ＰＥＲ（株価収益率）の数値も参考になります。ＰＥＲとは、株価を1株当たりの当期純利益（ＥＰＳ）で割ったもので、簡単に言えば今後の収益への期待値を示します。ＰＥＲが高いほど今後の収益への期待値が高く、今の収益性よりも割高な株価が付いていると言えます。上場企業を何社かピックアップし、最もＰＥＲが高い企業を調べることで成長企業を探すこともできます。

では、ＰＥＲを尺度にベンチマーク企業をどのように探すかと言えば、それほど特別な情報源は必要ありません。東洋経済新報社の『会社四季報　業界地図』や日本経済新聞出版の『日経業界地図』といった本には、会社の数字が掲載されています。自社の業界がさらに詳細にカテゴリ分けされているので、業界における自社の立ち位置が、より明確に理解できます。

調べる際には単年度だけでなく、複数年度にわたって比較すると、時系列で業界やカテゴリの隆盛を知ることができるので、より立体的に業界分析をすることができます。また、業界紙が出しているる企業ランキングや、サービスベンダーがまとめたカオスマップと呼ばれる一覧表から成長企業を探すのも有効です。売上や利益だけでなく、採用人気企業ランキングなども活用できます。

そのほか、身近な情報源として、同じエリアや近いエリアで、伸びている会社の情報を金融機関の営業担当者、仕入れ先の営業担当者、採用媒体の営業担当者などから聞くという方法がありまず。興味を持った企業に個別にアポイントをとったり、セミナーや勉強会などで直接話を聞けるチャンスがあれば、積極的に参加してみるとよいでしょう。

業界内で〝異端児〟とされている成長企業からも、積極的に情報収集を行いましょう。

❷その企業が成長している要因を見つける

ベンチマーク企業が見つかったら、特に研究すべき重要項目を設定します。この項目は業種や業態によって多少異なりますが、次のような項目は最低限押さえておくべきでしょう。

①事業ドメイン：事業領域、当該市場の規模や成長性
②各種経営指標：売上高伸長率、収益率、営業利益伸長率、一人当たり売上・利益
③ビジネスモデル：特に伸びているビジネスモデル、ビジネスモデルの独自性
④競争優位性：どのような要因で競争上優位に立てているのか
⑤デジタル活用：デジタルテクノロジーをどう活用しているか
⑥人材採用：どのように人材を獲得しているか
⑦マーケティング力：どのようなマーケティング手法でビジネスを拡大しているか
⑧成長戦略：今後の成長戦略をどう描いているのか

こうした各要素を、意識的にその企業のホームページやサービスサイト、またＩＲ資料などから掘り下げて研究していくことで、具体的なヒントがたくさん得られます。

ベンチマーク企業のやり方を参考にするというのは、模倣行為のようにネガティブに受け取られることもありますが、公開されている情報のみで分析する限りにおいてはまったく問題ありませんし、「伸びている他社に学ぶ」という謙虚な姿勢は、経営者としてとても大切です。

上場時の成長可能性説明資料、アナリストレポート、決算説明会資料、有価証券報告書、コーポ

レートサイト、採用サイト、社員クチコミサイト、メディアでの社長の言葉など、伸びている企業のそうした資料から学べることは非常に多いものです。

また、1社だけを参考にするのではなく、ある要素に関してはA社、別の要素についてはB社というように、それぞれの要素でベンチマーク企業を決めて、優れた点を取り入れるようにします。

自社とベンチマーク企業では規模もリソースも同じではないので、すべてが参考になるとは限りません。ですからコアな部分を見つけて、できるところから少しずつ取り入れていきます。複数の会社の良いところを上手に取り入れることで、効率を高めることができます。

❸ベンチマーク企業を共通言語にして、その真似を始めてみる

当社の場合、参考にする企業を見つけるためにポジショニングマップを作成しました（図1－2参照）。船井総研デジタルは「コンサル×デジタル」を志向していますから、その観点から競合になりうる上場企業をリスト化し、PowerBIでPERの大きさを円の大きさとしてグラフ化しました。縦軸は顧客ターゲット、横軸はマネタイズポイントで分類したので、これによって事業部ごとにベンチマーク企業を設定することが容易になりました。ベンチマーク企業のやり方を参考にする

図表1-2　ベンチマーク企業発見のポジショニングマップ

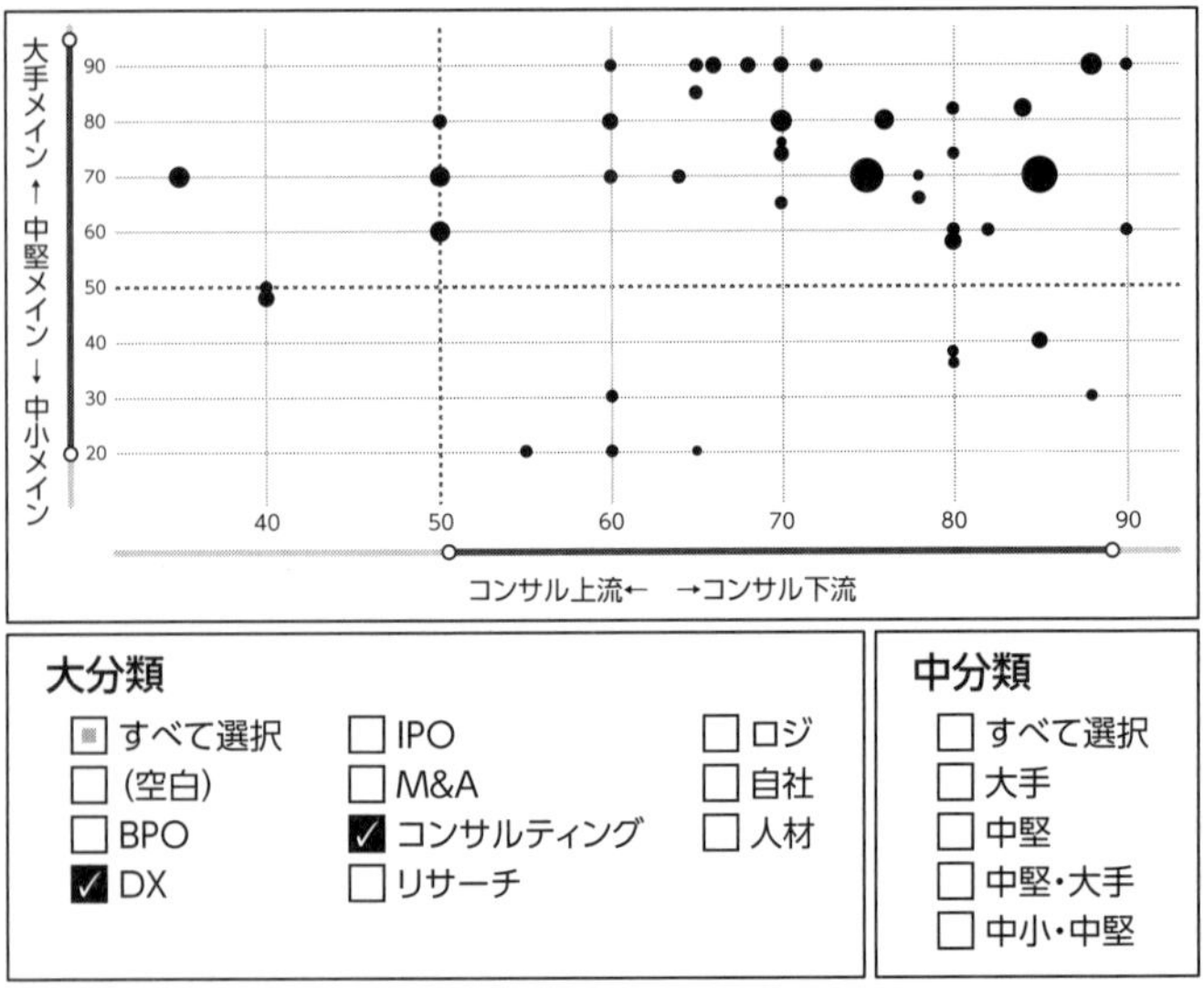

ことで、どのような市場でどのように戦えばよいかが見えてきます。

一方で、優秀なベンチマーク企業とガチンコ勝負になるのを避けるために、「差別化ポイント」も併せて検討していきました。たとえば、ベンチマークしたN社、A社、S社、B社の4社はセミナーに力を入れていることが明らかだったので、当社も「多少手間がかかってもセミナーに力を入れなければいけない」という方針が固まりました。また、4社ともにMicrosoft365やPower Platformの活用支援をDXのエントリーサービスとして行っていたので、これは当社でも外せないことがわかりました。

採用のベンチマーク企業となったY社は、応募者向けに社内の評価制度や社内規則などをウェブサイト上にオープンにしています。評価制度や人事制度では差別化できないので、エンジニア採用の強化のためにY社との違いや当社ならではの特徴を意識的に打ち出しました。

戦略2

デジタル企業のM&A

――「〝一発逆転〟の非常識DX」

なぜ、DXをするのにM&Aが有効なのか？

ここでは、戦略1で説明したデジタルリメイクの3つの方向性のうち、図表1－1の右下のボックスにある「④M&Aで技術・商品・顧客を付加する」について詳述していきます。

DXのやり方やノウハウを教えるという本はたくさんありますが、その手段としてM&Aを勧めている本はほかにはないと思います。なぜ私たちが「DXのためのM&A」という一見〝非常識〟な方法を提示するのかと言えば、実際に当社がM&AをすることでDXを大幅に加速させた経験があるからです。

皆さんがいざDXに取り組もうというとき、社内に適当な候補者がいなかったら、ウェブやシステムの専門人材を探して雇うと思います。M&Aというのは、ウェブやシステムの専門会社を買うことで、一気に何十人もの専門人材を組織と事業ごと手に入れることなのです。だからこそ、最短最速の王道の方法とも言えるのです。

もちろん専門人材を採用するのに比べると、M&Aで専門会社を買うことは投資額もリスクも大

図表1-1　デジタルリメイクすべき領域の探し方（再掲）

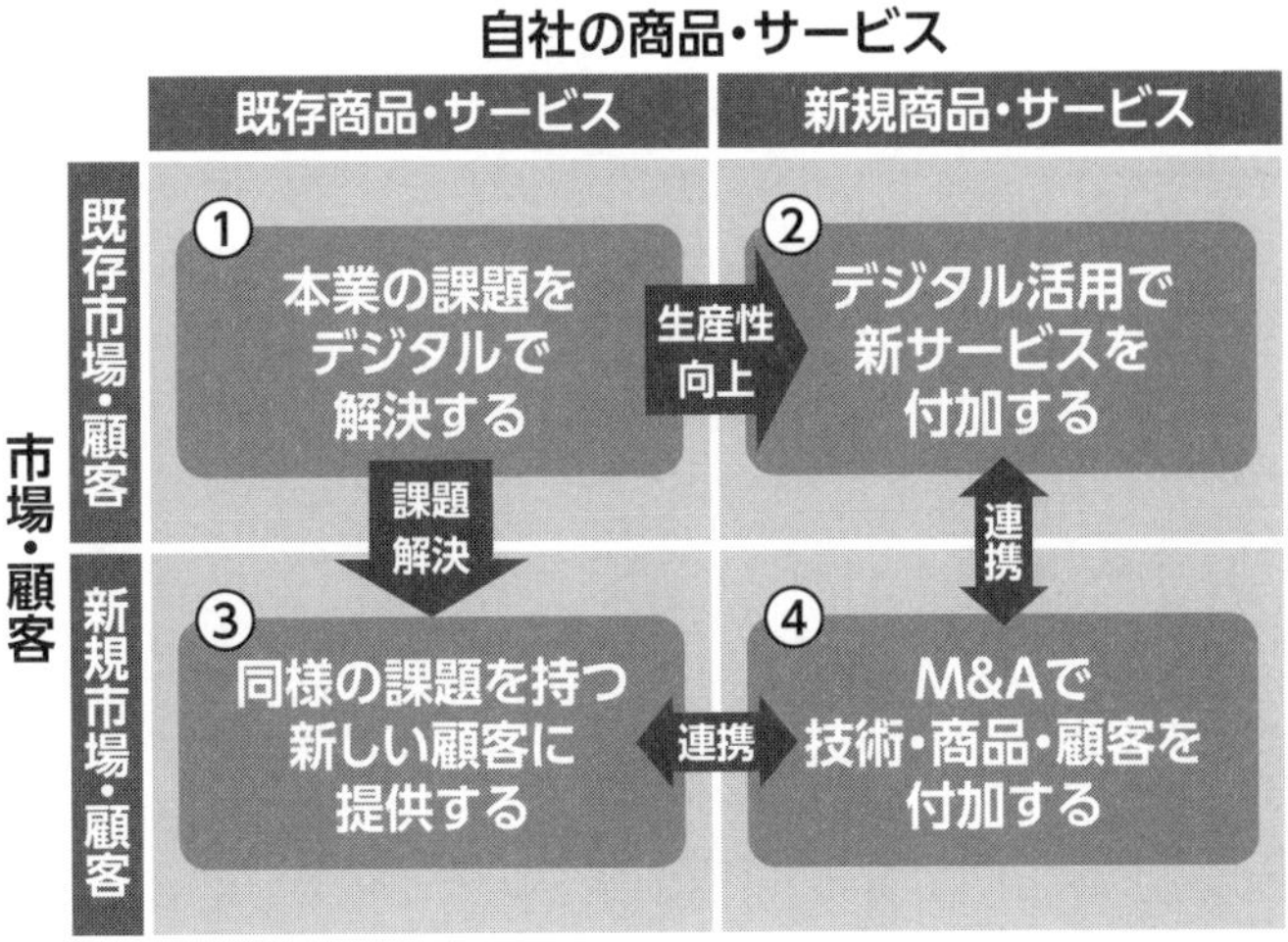

きくなります。ですから、誰にでもお勧めできるというわけではありません。ですが、M&Aで企業を大きく成長させたり、それを変革のきっかけにしたりしている経営者も相当数います。

当社がM&Aによる会社統合に踏み切ったのは、2021年の冬です。

「とあるシステム会社の経営者が80歳を迎えて引退を考えている。経営を引き受けてもらえないだろうか」という1本の電話がかかってきたのがきっかけでした。当初は事務アウトソーシングの船井総研コーポレートリレーションズ（以下、FCR）のほかに、畑の違うシステム会社の経営にまで手を広げることに、あまり気が進みませんでした。

しかし、DXをはじめとする改革で、自社の付加価値を上げることは経営課題の一つになっていました。そこで、このシステム会社を統合することで会社を再成長軌道に乗せられるかもしれないという思いから、M&Aを前提に経営を引き受けることにしました。そして、2022年7月、FCRと新和コンピュータサービス（以下、SCS）は合併し、船井総研デジタルとして生まれ変わりました。

この目論見は今のところ当たっています。どちらの会社も成長率が鈍化傾向にありましたが、合併後は売上の伸び率が2倍以上になり、両社を足して200名強だった社員数は、統合から1年で300名を超える規模になりました。

その理由として、合併したシステム会社をあえて組織の中心に置くことで、会社全体にデジタル化の機運が高まってDXが急速に進んだこと、そしてデジタルリメイクによって会社をリブランディングできたこと、それによってさらにデジタル人材を採用しやすくなったことが挙げられます。

とはいえ、ここまでの道のりは決して平坦ではありませんでした。

次に、DXを目的としたM&Aでつまずきやすい点について解説していきたいと思います。

M&Aを成功に導く候補先の探し方

M&Aといっても、まずどのような会社を買えばいいかが問題です。私たちの場合はよく知っている相手から持ち込まれた話だったので、あまり選択に迷う余地はありませんでしたが、M&A仲介会社を通して買うのであれば、候補に挙がる会社は玉石混交ですからよく考えて選ぶ必要があります。

❶身の丈に合った会社を選ぶ

母体となるFCRの社員数は約180名で、SCSの社員数は約40名でした。これはちょうどいいバランスでした。というのも、もし相手の会社の人数が200名の規模だと、母体となる会社よりも人数規模的に大きくなってしまうので、統合作業も綱引き状態になって難航していたと思います。だからといって相手の会社が小さすぎてもシナジーは出しにくくなります。

一般的には、M&Aの対象とする会社の規模は、母体会社の10分の1以上で3分の1以下が望ましいと言われています。また、会社のサイズ感は買収費用にも関わってきます。大きな会社はそれだけ買収費用やのれん代もかかりますし、それによって自社の収益を圧迫してしまうのは本末転倒です。金額についてはしっかりとシミュレーションして、身の丈に合った会社を選定しなければなりません。

ちなみにM&Aの費用については、さまざまな計算方法がありますが、一般的には「現在価値＋将来価値」で求めます。現在価値とは、今その会社を清算したらいくらになるかの金額であり、時価換算した総資産から負債総額を引いた実態純資産のことです。将来価値とは、その会社が今後5年間に生み出す利益のことで、現在の実態営業利益5年分程度をのれん代として計算します。もしM&A後に業績が下がって、買収した会社の営業利益がのれん代を下回ってしまうと収支がマイナスになってしまうので、慎重に考える必要があります。

❷どうやって相手の会社を探すか

デジタル人材を採用するならデジタル会社を買ったほうが速いし効率的というのは、理屈としては正しいのですが、一つ落とし穴があります。それは自分の会社にフィットする会社が、欲しいタイミングで売りに出ている可能性が低いということです。デジタル会社を買いたいと思ったらすぐに買えるということはなく、あらかじめM&A仲介会社や付き合いのある金融機関などに紹介をお願いしておいて、半年後、1年後に運良く候補となる会社が出てきたらすぐに検討に入れるよう常に準備をしておくのがよいと思います。

あまりに勢い込んで探し始めると、相手の会社を冷静に精査できず、後になって「思っていたのと違っていた」となりかねません。どういう機能やピースが欲しいのか、M&Aに何を期待するのかを日頃から社内で議論を重ねて整理し、そのオーダーをM&A仲介会社や金融機関などのパートナーにきちんと伝えておいて、条件にマッチした会社が見つかった段階で速やかに、かつ手順を踏んで検討するという冷静さが必要です。

ちなみに実際にM&Aを1件でも実行すると、M&A仲介会社の有望顧客リストに掲載されて、次からは優先的に良い案件の話が回ってきます。当社もM&Aを行う前は年間10件程度でしたが、M&A発表後は年間25件もの案件が持ち込まれるようになり、その中身も精度が上がっていることを実感しています。

❸どんな会社を買えばいいのか

M&Aの対象会社を見極めるにあたって、事業内容・財務状況・価格の3点は外せません。

特に、当面は単独で事業継続できる力を持っているかどうかは大切で、他の条件を満たしているからといって瀕死の赤字会社をわざわざ買うのはハイリスクです。また、母体会社よりも給与水準が高い会社をM&Aしてしまうと、その後に給与を下げるわけにもいきませんし、かといって母体会社の給与水準もすぐには上げられないので悩ましいことになります。後に人事制度や評価制度を統合していく過程で、ジワジワと給与水準を上げられる、幅のある会社を選ぶのが賢明です。

また、オーナー経営者以外に組織を統率できる実務責任者がいるかどうかも、重要なポイントです。M&Aの後、引き継ぎを終えればオーナー経営者はいなくなることが多いので、それでも事業が回るかどうかを見極めてください。

M&Aは大きな金額が動くだけに、どうしても財務的なインパクトばかりを重視しがちになります。しかし、会社の強みとか社風、経営者の考え方などのカルチャーが自社とマッチするかどうかの定性的な面も、大きな影響を与えます。

当社はその後も継続してM&Aを検討していますが、相手先の経営者と「考え方や大切にしているものが近い」といった部分をかなり重視しています。会社と社員の間の信頼関係が薄い会社は、M&Aをきっかけに社員が大量に辞めてしまうといったことが起こり得ます。社員を大事にしている経営者の会社は、従業員ロイヤリティも高く、合併後も社員同士がスムーズに一体化できます。

M&Aは成立後の融合プロセスが重要

M&Aは買う前の精査・検討もたいへんなのですが、PMI（ポスト・マージャー・インテグレーション＝M&A成立後の統合プロセス）はもっとたいへんです。当社の場合も、統合前には見えていなかったカルチャーギャップにまずつまずきました。

統合に際して社長挨拶をしようと、統合された側の全社員を集めてもらおうと思ったところ、担当役員から「みんな在宅勤務なので誰も出社しませんよ」と言われてしまいました。気を取り直してオンライン会議を設定し、モニタ越しとはいえみんなの顔を見るのを楽しみにして臨んだ当日、カメラをオンにしているのは社長の柳楽だけで、ほかは名前だけが表示された真っ暗な画面が並んでいました。会議終盤に「何か質問はありませんか？」と投げかけても、誰一人反応しません。まるで「私たちは新しい社長を歓迎しません」と言われているかのようでした。

あらためて両社の幹部社員を集めた1泊2日の合宿を企画して、文字通り膝と膝を突き合わせて話し合いを行いました。その場で「会社を成長させたい」という思いを切々と語ったところ、ようやく何人かが口を開き、「給与制度は変わるんですか？」「リモートワークは続けさせてもらえますか？」「エンジニアは数値目標を嫌がりますよ」といった声が上がりました。

彼らにしてみれば、それなりに居心地の良かった環境が変えられてしまうのではないかと不安だったのです。あまりの温度差に愕然としました。

とはいえ、「デジタルで成果を上げている競合先がどんなことに取り組んでいるのか調べてみましょう」と言ってくれる人もいました。調査の結果、自分たちの目指す事業領域で劇的に業績を伸ばしている同業者がいくつかあり、中には160％台の成長を続けている会社もありました。実際にできている会社があることを知って、「自分たちにもできるかもしれない」という思いがみんなの中に湧いてきました。

このように納得すると、今度は社員のほうから主体的に動いてくれるようになり、新たな事業計画策定のためのミーティング日程が次々に決まっていったのです。

この経験を通じて私たちが感じたのは、やはり相互理解の重要性です。M&Aで一つの会社になったといっても、それまではお互いに他人だったのですから、相手のことは何も知りません。心配や不安が先に立てば、融合どころか逆にどんどん溝が深まってしまいます。

そうならないためにも、最初は顔を合わせての話し合いが必要ですが、そのときにも「こっちが買収した側だ」などといった不遜な態度で相手の会社に踏み込んではいけません。買い手側の社長であっても最初はアウェーの立場として、土足厳禁で丁寧に振る舞う必要があります。そうは言っても、いつまでも他人行儀でいては融合が進まないので、タイミングを見て踏み込んでいくことも必要です。

M&A成立後に気をつけなければならないこと

月並みな比喩ですが、M&Aとは結婚のようなものです。これまで違う環境で生きてきた2人が一緒に暮らすようになるのですから、お互いの持つ文化や生活スタイルのすり合わせが大切です。これをカルチャーマッチと呼びます。

とはいえ、縁があってM&Aに至った2社ですから、当然似ているところもあります。違う点をカルチャーギャップ、似ている点を共通カルチャーとして、共通カルチャーから徐々に融合させて、ギャップのあるところはお互いに良い部分を取り入れるように意識するとうまくいきます。最初はあえて相手の短所に感じられる部分には目をつむって、長所に積極的に目を向けるようにします。

FCRとSCSとの合併当時、FCRで社長歴が長かった柳楽は、初めてSCSの社員と面談をしたときに、あまりの文化の違いに愕然としました。FCRは女性が9割以上を占める会社で、社交的で世話好きな人が多かったのですが、SCSではエンジニアはリアルな交流よりも集中できる環境を望む人が多くいました。しかし一方で、会社へのロイヤリティや給与水準、良好な社内の人間関係など、共通カルチャーも多くありました。

そこで、まずはこうしたカルチャーの似ている部分を融合させるべく、人事制度や賃金テーブルの統一、週1回の合同朝礼での社員同士の他己紹介（自分以外の人を誰かに紹介する）、共通のSNS社内報の開設、事務所の圧縮統合、合同社員表彰イベントなどを企画しました。その後も、中途入社社員の合同交流会や、経営陣と社員との1on1面談など、段階的にさまざまな手を打っています。

今後は、働き方、服装、価値観などのカルチャーギャップが大きい部分について、お互いに相手の良いと思う部分を取り入れて、難しい部分については部門カルチャーとして違いを認めていくようにしたいと考えています。

そのほか、M&A後の留意点として「メリットを先に与える」ということが挙げられます。

買い手側がシナジーやメリットを得る前に、相手企業に統合の果実を与えることを意識します。「この会社と一緒になって良かった」と相手企業の社員に思ってもらわなければ、スムーズな連携・協力体制が整いませんし、シナジーも生まれません。

たとえば、バックオフィス（財務経理・人事労務・福利厚生など）やフロント活動（営業活動・採用活動）をサポートしたり、共通化したりすることで統合のメリットを感じてもらうことや、人事制度の改定や共通化で待遇の見直しを行うなどが挙げられます（相手企業の給与相場は自社よりも低いほうがベターです）。また、煩雑になりますが退職金の制度移行、各種保険の移行、福利厚生面の差異解消、労働組合の統合、システム統合などの制度面の統一も避けては通れません。

そして特に強調したいのは、Ｍ＆Ａした会社を「組織の隅に放置しない」ことです。Ｍ＆Ａで会社を買ったといっても、統合して一つの会社にせず、別会社としてそのまま並べておくこともできます。ただ、それでは何のシナジーも生まれません。すぐに合併しない場合でも、バックオフィスなどを統合してコストを削減したり、人的交流でお互いに高め合えるようにしたり、一緒に事業を創造するなどの取り組みが必要です。

M&Aで「足りないピース」を埋めてDXを急加速

M&Aというのは、一般的に足りないピースを補うために行うものです。首都圏にしか店舗を持たない小売りチェーンが地方の同業チェーンをM&Aで買収すれば、市場を一気に広げることができます。これを水平統合と呼びます。また、小売店がメーカーをM&Aで買収することで、販売する商品の製造を内製化できるようになり、企画力やコスト競争力が高まります。これを垂直統合と呼びます。

本書でM&Aをお勧めするのはDXのためですが、私たちは特に「足りないDXピース」を埋めるようなM&Aを行うことをお勧めしています。

M&Aによって、自社に不足していたデジタル部分のピースを補って急成長した会社の事例をご紹介しましょう。

Case 3

M&Aで不動産会社が業界向けSaaSを開発

不動産会社がウェブシステム会社をM&Aして、本業の多店舗展開を加速させると同時に、不動産業に特化したSaaSの開発・展開に成功した事例を紹介します。

賃貸住宅サービスは、関西を中心に約120の店舗を展開する総合不動産会社です。この会社がクリエイティブ・ウェブというウェブ制作会社をグループの傘下に加えたのは、今から十数年前のことです。

社内の情報システム担当者が辞めて困っていた賃貸住宅サービスの渡邉さん（現社長）が、たまたまシステムの売り込みに来ていた岡部さん（現・クリエイティブ・ウェブ社長）のことを見込んで、全社のヘルプデスクのアウトソーシングをしたことがきっかけでした。その2年後に、オーナー一族と岡部氏の出資で株式会社クリエイティブ・ウェブがグループ企業として設立されることになりました。

当時の不動産業界というのは、インターネットによる集客が発達しておらず、ビラを配ったり、雑誌に広告を掲載したりといったアナログな手法が主流でした。しかし、折しもヤフー不動産などのポータルサイトが流行り出していて、賃貸住宅サービスでもパソコン操作に慣れていない営業担当者が深夜までポータルサイトへの物件掲載作業に追われていました。大手ポータルサイトに物件情報を掲載するために他社のシステムを各店で導入していたのですが、「使いづらい」「雑誌掲載作業と二度手間でつらい」と嘆く声が多かったのです。

その様子をそばで見ていたクリエイティブ・ウェブの岡部社長は、困っている営業担当者たちを助けようと、簡単な物件掲載システムをウェブアプリで開発します。このアプリにコンテンツを入力すると、雑誌とポータルサイトの両方に自動掲載され、二度手間が解消されました。それだけでなく、ポータルサイト内で賃貸住宅サービスの物件が上位表示されるようになったのです。こうして再現性の高い集客手段が確立された賃貸住宅サービスは、店舗数を4年間で3倍近くにまで増加させました。

このことが業界で評判となり、「うちのもつくってほしい」と、他の不動産会社からクチコミで声がかかるようになり、業界内でシステムの外販が拡大していきました。「あの急成長している賃貸住宅サービスの〝体育会系営業担当者〟でも使えるシステムなら間違いない」と、同業者に急速に普及していったのです。ただし、賃貸住宅サービスのメイン商圏である関西の同業者には販売しませんでした。

なぜ、クリエイティブ・ウェブのシステムはそれほどまでに好評だったのでしょうか。実は、先行していた他社の類似システムはオンプレミス（ソフトウェアを自社サーバや端末にインストールして使う形式）で、自社のサーバにインストールするタイプのため、導入コストと保守費用が高額でした。しかし、クリエイティブ・ウェブのシステムはウェブアプリ（今でいうSaaS）だったために、安価で取り組みやすかったのです。他社のオンプレミスのシステムは初期費用が１００万円＋月額４万円だったのに対して、クリエイティブ・ウェブでは初期費用なし＋月額２万円（当時）から提供したのです。しかも使いやすく、「伸びている不動産会社が使っているシステム」だったため同業他社も導入したかったのでしょう。

クリエイティブ・ウェブは、その後も不動産業界の課題を解決するシステムを進化させていきました。その一つが不動産業のバックオフィスの負荷とリスクを解消するシステムです。それまでは契約前の重要事項説明を対面で行っていましたが、営業担当者のうっかりミスなどでトラブルが頻発していました。「一生懸命に営業して成約まで進んだのに、契約のところで揉めたり、後からクレームになったりしたのでは元も子もない」という思いで開発したのが、重要事項説明から契約までのプロセスをカバーするシステムです。システム導入後はうっかりミスもなくなり、失注やクレームが大幅に減少しました。こうしたシステム開発における細部の工夫や改善は、グループ企業として不動産の現場実務を間近で見ているからこそできるものです。

さらにその後、不動産業に特化したERP（エンタープライズ・リソース・プランニング＝基幹システム）の開発にも取り組みました。不動産事業者は5店舗を超えると社員による金銭不正リスクが高まると言われていますが、このシステムによってガバナンスと経営管理が進み、店での現金扱いが少なくなりバックオフィスが軽量化し、経理簡素化、店舗事務員の少人数化、月次決算の早期化も実現しました。現在、店舗事務員をより高付加価値業務にコンバートするべく、リスキリング教育が始まっています。

一般的に、こうしたシステムを導入する際には、現場経理と本社経理の利害対立が生じやすいものですが、そうした調整までクリエイティブ・ウェブが丁寧にフォローすることで導入がスムーズに進んでいます。おそらく外部のSIer（エスアイヤー＝システムを構築する会社のこと）に開発を頼んでいたらこうした利害調整は難しかったはずです。グループ会社でシステムを内製しているからこそ、かゆいところに手が届くきめの細かいフォローができているのです。

賃貸住宅サービスの渡邊社長は次のように振り返ります。

「正直なところ、外部のベンダーに事業の心臓部分のシステム開発を頼むのはノウハウや情報の漏洩リスクが高いと思っていたので、岡部さんの会社がグループ内になければここまで思い切ったDXはできなかった」

戦略3

企業ブランド

「企業としての魅力を高める」

社名変更はリブランディング最大のセンターピン

当社は2013年に船井総研コーポレートリレーションズとして設立されましたが、2022年に船井総研デジタルに社名を変更しました。

改名の理由はいろいろありますが、昨今、上場企業においてはデジタル銘柄が株価の勢いも強く、コンサルティング業界においてもデジタル領域を強化している企業の業績が伸びている傾向が続いています。せっかくM&Aでシステム会社と合併統合してデジタル領域に本格的に踏み出そうとしているのですから、世間にデジタル企業としてきちんと認識してもらいたいということです。その意味では、社名や事業名をよりわかりやすくインパクトのあるものに変更して、認知度を高めるのも王道の施策と言えます。

過去にも社名変更をきっかけに飛躍した企業は少なくありません。その多くは、社名よりも製品名やサービス名などのブランドが有名になってしまったため、知名度の高いブランドに社名を合わせて、コーポレートアイデンティティを統一したものです。たとえば、次のような事例があります。

・松下電器産業　↓　パナソニック（2008年）
・NHN Japan　↓　LINE（2013年）
・オーセンスグループ　↓　弁護士ドットコム（2013年）
・健康コーポレーション　↓　RIZAPグループ（2016年）
・富士重工業　↓　SUBARU（2017年）

大が小を飲み込む吸収合併の場合、社名変更をせずにそのままというケースもありますが、合併された会社で働いていた方々の気持ちを考えて、それはしたくありませんでした。かといって、都市銀行同士の合併のように、社名をすべて並べるようなことをしたら、「船井総研新和コンピュータリレーションズ」などという、いかにも滑稽な社名になります。

そこで考えたのが、船井総研デジタルというシンプルな社名でした。船井総研の名称をあえて冠に付けたのは「船井総研グループの中核会社として中堅・中小企業のデジタル活用をリードする」というビジョンと意気込みを示したかったからです。

ところが、この名称について社員にアンケートをとったところ、あまり反応は芳しくありませんでした。「旧社名に愛着があった」「冷たく堅い印象」「ダイレクトすぎる」と、総スカン状態でした。

社員がこうした反応をするのは、実は自然なことでした。

正直に言えば、合併当初の会社の内実を見れば、この新社名は明らかに分不相応だったからです。しかし、あえてハードルを上げる社名を掲げて実態が追いつくように高い成長目標を立てることで、新たな役割に挑戦する姿勢を示すことにしました。目標が高くなければ、成長も進化もありません。その意図と思いを社員に丁寧に説明すると、反発は減り、賛同者が増えていきました。

実際、会社の将来像を描くような社名変更の事例もたくさんあります。たとえば事業領域の拡大や業種・業態の変化で、富士ゼロックスは米ゼロックス社との契約解消に伴い、新事業創出のメッセージを込めて、2021年に富士フイルムビジネスイノベーション株式会社へと社名を変更しています。

社名変更はブランディングの一環として、将来へ向けての意気込みを示すものであることがわかります。私たちも、不退転の決意で会社そのもののデジタルリメイクに着手するにあたって、社名変更という最強カードを切ることにしました。

ミッション・ビジョン・バリューの刷新

当社が変更したのは社名だけではありません。合併統合で事業も社員数もオフィスも増えているのですから、中身も旧来のままではいられません。

そこで、両社のパーパス・ミッション・ビジョン・バリューなどもすべて見直して、統合した新しいものを考案するとともに、事業名やサービス名、スローガンやキャッチコピーなどもすべて刷新する必要があります。

両社の全社員を巻き込んで、新しい会社の魂であるパーパス・ミッション・ビジョン・バリューを策定することで、「自分たちでつくっていく会社なのだ」という当事者意識を高めました。また、それらを真剣に考える過程で、これから船井総研デジタルという新しい会社で自分たちが担うべき役割や責任、そして実現していきたいことなどを、自分なりにイメージしてもらいたいという狙いもありました。

まず、全社員に対して「仕事をするうえで大切にしたいことは何ですか?」「この会社で働くことで実現したいことは？」などというくつかの質問からなるアンケートを実施しました。そこから抽出されたキーワードやフレーズを分類・整理し、両社の若手社員と幹部社員からなるプロジェクトで文案を策定してもらいました。それらを経営陣と何度かキャッチボールをして整えたうえで、最後は社長である柳楽が筆を入れました。

全社員が参画して出来上がったパーパス・ミッション・ビジョン・バリューは、会社からのお仕着せではなく「自分たちで定めた共通の目的と価値観」として浸透・定着しやすいと思います。

策定に際しては、過去よりも未来を重視しました。優先順位が高いのは、過去に大事にしてきたものよりも、将来に向けてのビジョンだからです。

たとえば、ＦＣＲのスローガンは「その先にいる誰かのために」であり、ＳＣＳのスローガンは「豊かな感性を基に、創造、信頼、成長」といったものでした。

このどちらにも共通するのはアナログな「人」です。ＦＣＲは数字だけではなくその先にいる「人」を意識して仕事していましたし、ＳＣＳもＩＴ企業でありながら「人」の「豊かな感性」を信じていました。

しかし、新しい会社は船井総研デジタルであり、デジタルを外すことはできません。そこで次のようなミッションを考えました。

「デジタルテクノロジーで人と企業の成長をリードする」

デジタルテクノロジーを売りにしながら、あくまでも「デジタルを創るのも、使うのも〝人〟である」ことを忘れず、大切な社員やビジネスパートナー、そしてお客様と共に歩んでいくという意味を込めました。

ちなみにミッションは「組織が果たすべき使命や存在意義」を意味し、その次に来るビジョンは「組織の理想像、中長期的な目標」を、バリューは「ミッションやビジョンを達成するための具体的な行動指針、行動基準」を意味します。当社ではバリューではなくスタイルという表現を使用しています。

ひと昔前であれば、ミッション・ビジョン・バリューは、それぞれ「社是」「経営理念」「行動指針」などと呼ばれていたかと思います。これをミッション・ビジョン・バリューなどと言い換えるようになったのは、従来型の「社是」「経営方針」「行動指針」などという表現は、どうにも経営者目線で発信する上からの押しつけ型のメッセージ感が強くなってしまうからです。社員目線、顧客目線で共感を得やすい表現に置き換えるのがよいと思います。

大切なのは「わかりやすさ」です。自社のステークホルダー、具体的にはお客様、株主、今の社員と将来の社員にとって、会社がどこに向かっていてどんな価値を提供しようとしているのかがすぐにわかるような表現が望ましいと思います。

コーポレートサイトの刷新とサービスサイトの統廃合

デジタル・リブランディングに欠かせないのが各種ウェブサイトの刷新です。社名を変更していればもちろんですが、変更していなかったとしても、デジタル・リブランディングに際してはウェブサイトの刷新は外せない施策になります。最低でも3年に1回は見直す必要があると思います。

会社のウェブサイトには、大きく分けて3種類あります。

①企業の顔であるコーポレートサイト
②各商品やサービスのプロモーションやマーケティングを行うサービスサイト

③社員の採用目的に特化した採用サイト

当社の場合は、社名変更に伴うミッション・ビジョン・バリューおよび各事業の名称の全面刷新を受けて、新コンセプトの下にコーポレートサイトを全面刷新しました。

そしてこの後、各事業のサービスサイトの統合と刷新に着手しました。

たとえば、FCRは大きく括るとBPO（ビジネス・プロセス・アウトソーシング）事業を主に営んでいましたが、BPOとひとくちに言っても複数の異なるサービスがあり、それぞれに固有のサービス名称が付いていました。この個々のBPOサービスは誕生の経緯も成長の過程もまったく異なっていたために、お客様も社員も「同一の事業カテゴリ」という捉え方をしておらず、ウェブ上でもそれぞれのサービスサイトがまったくバラバラに存在していました。お客様から見ると各事業やサービスの関連がわからず、FCRというのは「何やらいろいろなことを雑多にやっている会社」に見えていたのです。

これではブランディングになりませんから、まずBPO事業のイメージを一つにまとめるために、みんなが納得できる共通コンセプトと名称を策定しました。それがSPX（セールス・プロセス・トランスフォーメーション）でした。SPXというのは当社の造語ですが、簡単に言えば「中堅・中小企業のデジタルマーケティングを最適化する」という事業です。

そしてこの統一事業名称の冠《かんむり》に「フィット・ユア・サクセス（あなたの成功に合わせて）」というスローガンを付しています。これは、デジタルマーケティングはあくまでも手段であり、お客様の事業の成功に合わせて細かくチューニングされるべき、という考えを表しています。

このようにして、バラバラに乱立していたサービスをＳＰＸという統一概念の下にまとめて、統一されたデザインコンセプトに基づいて、サービスサイトをリニューアルしていきました。

これと同じように、クラウドソリューション事業、ＩＴコンサルティング事業という中核事業もゼロベースから統一コンセプトを整理したうえで、各々のサービスサイトをコーポレートサイトとは分けて別途立ち上げ、コラムやホワイトペーパーなどのコンテンツを日々充実させていったことで、サイトからの引き合いもかつての数倍に増えています。

優秀なデジタル人材をお金で〝釣らず〟に採用する

社名を刷新し、新たなビジョンや成長目標を掲げてそれを達成していくには、デジタル人材の採用が必要不可欠になります。ただ、デジタル人材は今、完全に売り手市場なので、それまでの「なりゆき採用」では目標に届くような人材採用ができないことも明白でした。

そこで、次の4つの大きな方針を決めました。

①どんなデジタル人材を何人、いくら費用をかけて採用するのかを決める

②労務費以外のあらゆる経費を切り詰めて人材採用投資に回す

③デジタルがわからないオジサン人事担当ではなく、トップエンジニアや若手を起点にする

④組織拡大のコアとなるプロジェクト・マネジャーや技術リーダーなどのコア人材を先行して採用する

戦術レベルでは「お金で釣らない」という方針を立てて、徹底しました。

正直なところ「仕事はお金を稼ぐための手段」と考えている人もいますし、そういう人はお金で釣らなければ採用できないでしょう。しかし、そういう人ほど「お金に釣られて」他社に引き抜かれてしまうリスクが高くなります。

そこで私たちは「仕事はお金のためだけではない」と考えてくれる人材に焦点を当てることにし

ました。エンジニアを見ていて思うのですが、彼らは職人肌で、自分がつくったサービスが社会や誰かの役に立つこと、自分の技術を生かして他者に貢献したいという気持ちが強い人が多いようです。自分が納得するまで技術を磨いたり、サービスをつくったりすることに喜びを感じています。

そこで、「皆さんの技術と経験が日本経済の大半を占める中小企業のＤＸに貢献できる」というメッセージを打ち出して、そういう意欲と大志を抱くデジタル人材を惹きつけるようにしています。

採用活動は他社との競争なので、「技術的に成長できる」という差別化も必要です。つまり、「この会社に入れば腕が磨ける」という差別化要素です。

当社では、最新のクラウド技術の中でもマイクロソフトのAzureに特化したチームを発足させ、「Azureをやりたいなら船井総研デジタル」というブランディングを採用サイト上で行いました。人気のトレンド技術であるAzureにいち早く特化したことで、専門人材を惹きつけることができました。

もう一つ大切なことは、デジタル人材が働きやすい環境を整えることです。

たとえば、リモートワーク環境を整えたり、メンターシップ制度をつくったり、技術を正当に評価できるようスキルを軸にした人事制度を整えることで、デジタル人材にとって魅力的な職場になるよう腐心しました。

もちろん、採用サイトもコーポレートサイトとは別に、しっかりとしたものをつくりました。採用サイトのコンテンツを充実させることは、人材採用に力を入れているという企業の姿勢を示すことができるので求職者に好印象を与えられます。当社では、54ページにわたる応募者向けの会社説明資料をつくり、一次面接には、それを見たうえで臨んでいただいています。

これにより当社の働く環境や社風などの特徴が意図した通りに伝わり、応募者の入社意欲が大きく上がっていると感じています。せっかくリブランディングをするのですから、最後まで手を抜かないようにしたいものです。

こうした一連の取り組みによって、社名変更後はかつての3倍以上のデジタル人材を採用することができています。採用に力を入れた結果でもありますが、社名変更をはじめとした会社全体のデジタルリメイクが功を奏したと言えます。

戦略4

バックオフィス——「時間を創出する」

バックオフィスのデジタルリメイクとは何か

バックオフィスのデジタルリメイクとは、デジタルを活用してバックオフィスにおける価値の低い作業を圧縮して、高付加価値業務にシフトすることを目的とします。

バックオフィスとは、総務・労務・経理・人事・営業サポートなど、会社や営業部門の支援機能を担う間接部門です。直接的に売上に結びつく部分ではないため、経営者をはじめ周囲からの関心はそれほど高くなく、時にはコストセンターと見なされて軽んじられることもあります。

しかし、バックオフィスはとかく放置されがちであるがゆえに、本格的にデジタルリメイクに取り組むことで劇的にコストが下がったり、生産性が向上したりするなど、実はそこに宝の山が眠っている可能性があります。

なぜそこまで断言できるのかと言えば、私たち船井総研デジタルが、もともと船井総研グループのバックオフィス部門だけをスピンオフして分社設立された会社だからです。10年前の分社当時は、全社員の8割近くがバックオフィスで事務作業を担当するパート社員・契約社員という状況からのスタートでしたが、全社的にデジタルリメイクに取り組み、生産性を向上させるとともに、余剰人員を会社の成長エンジンとなる高付加価値業務や新規事業にシフトさせたことで、「事務スタッフ」だけで年間60億円（収益認識基準適用前）を稼ぐ企業に変身しました。

そもそもバックオフィスというのは、会社の規模に合わせて膨らみがちなので、デジタルリメイクを施さずに非効率なままでいると、どんどん利益の足を引っ張るコストセンターになってしまいます。非効率なバックオフィスは収益や成長の足かせ・ブレーキとなってしまうので、逆にそれをアクセルに変えるようなデジタルリメイクが必須なのです。

バックオフィスは属人化・ブラックボックス化しやすい

ここで言うバックオフィスとは、間接部門全般のことです。営業や製造・企画など、売上に直接影響を与える直接部門をフロントオフィスと呼び、顧客や直接部門と接点のある営業事務やコールセンター・広報・生産管理などをミドルオフィスと呼びます。そして、顧客との接点の少ない総務・経理・人事・労務・システム・法務・経営企画などの後方支援部門をバックオフィスと呼びます。

バックオフィスは売上に直接的な影響を与えることがないため、経営的にはコストと見なされ、できるだけ少人数で回すことが当然とされています。

しかし、少人数で長期間にわたって仕事を担当していると、仕事の内容がその特定少数の人たちにしかわからなくなり、属人化やブラックボックス化が進行します。そして、いつしかタコツボ化が進んで不可侵領域のようなものが形成されて、ますます硬直化していきます。

概ね経営者側は、売上に直結しないバックオフィスの仕事を軽視しがちです。一方、バックオフィスの現場では、専門性の高い特殊業務だから周囲に理解してもらえない、忙しいのに評価が低いと不満を持っています。経営者側は、バックオフィスがなぜいつもそんなに忙しいのかがわからないのです。

このような認識の不一致が、バックオフィスを硬直化させてしまう最大の要因です。

仮に経営者側がバックオフィスの業務改善に着手したいと思っても、現場のことを理解していないのでどうすればいいかがわからず、現場はタコツボに手を突っ込まれるのを極端に嫌います。こうした背景もあって、バックオフィスの業務改善はほとんど成功しません。

なぜバックオフィスの従事者が業務改善を嫌がるのかと言えば、バックオフィスの仕事というのはミスをしないことが最も大切だと考えられているからです。たとえば経理が伝票の数字を間違えたり、人事が給与計算を取り違えたりすると、会社にとって致命的なダメージになるリスクがあります。そこでトラブルやエラーは避けたいという保守的なスタンスが醸成されます。

業務改善によって、従来のやり方を変えたり、新しいツールを導入したりすると、慣れるまでの間はミスが起きやすくなります。業務改善をしても評価されないので、できる限り新しいことは避けて、多少非効率でも今の安定運用を維持したいというマインドになりやすいのです。

バックオフィスに必要なのは業務の可視化と定量化

バックオフィスは業務面において、定量的な目標を立てにくい、部門間の業務連携が多い、正確性が問われる、という3つの特徴を持っています。

図表4-1　目的意識と数字意識のバランス分析

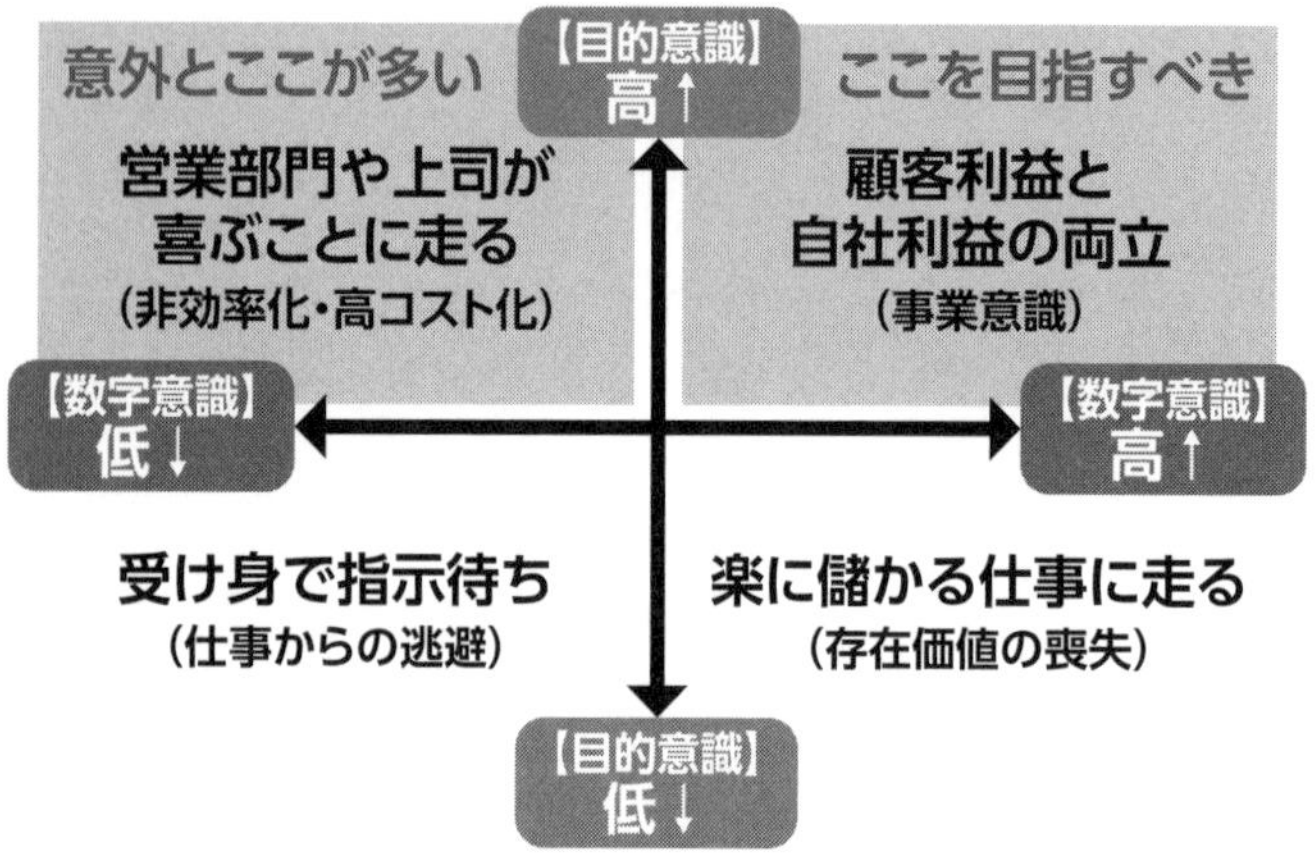

目的意識だけが高いと非効率化・高コスト化する

また、事務スタッフは一般的に、感謝されることにやりがいを感じる、多くの仕事をこなすことが大切という価値観、より細かい仕事を重要視する、という特徴を持っています。

こうした特徴が組み合わさると、時間をかけて丁寧な仕事を言われるがままに大量に引き受けて残業をするという「おもてなし思考」に傾きやすく、いつの間にかどんどん付加価値の低い仕事が増えて、生産性が落ちていくのです。

図4－1にあるように、バックオフィスのスタッフには高い目的意識を持って真面目に仕事に取り組んでいる人も多いのですが、反

面数字意識が低く、なまじ目的意識が高いために、顧客（社内の営業部門や上司）が喜ぶことを過剰にやりすぎて、非効率化や高コスト化が進行しがちです。

目的意識は高く保ちつつも数字意識を持って、最適な運用コストで最大の成果を追求する姿勢がバックオフィスには必要なのです。

そのカギを握るのが、業務の可視化・定量化です。

私たちが当社のバックオフィスのデジタルリメイクを断行するに際して、当時、間接部門のメンバーに対して、経営陣から次のような大号令を発しました。

> すべての仕事はたとえ間接業務であっても可視化・定量化できる。
> 非営業・間接業務ほど可視化と定量化にチャレンジすることで価値を証明するべき。

可視化とは、「何を」「どのように」「どれくらい」行っているかを定量的に常時測定して数値で表すことです。具体的には、「①業務項目の棚卸し」「②業務フローの整理」「③業務プロセスごとの工数とアウトプットの測定」を抜け漏れなく行います。

図表4-2 業務の流れを可視化したフロー図

業務のインプットからアウトプットまでの手順を抜け漏れなく可視化

【業務フロー図イメージ】

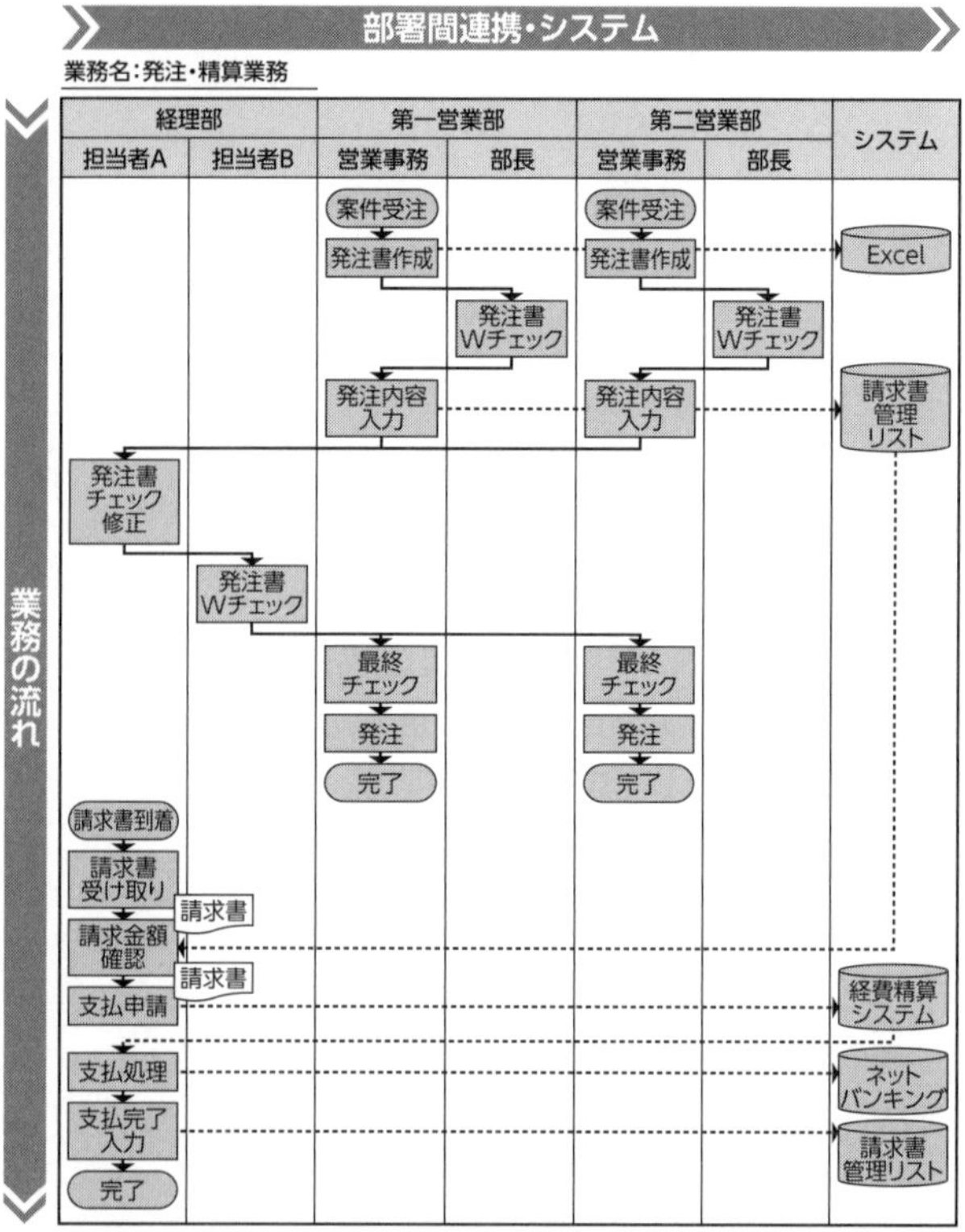

(いつ)各業務の起点から終点まで
(誰が)担当者、担当領域を明確に
(どう)プロセスに抜け漏れがないように

- 部署間やシステム連携
- 業務の流れを可視化する

- 意味のないプロセスが含まれていないか確認する

図表4-3 業務フローから改善ポイントを特定

■現在の業務フロー

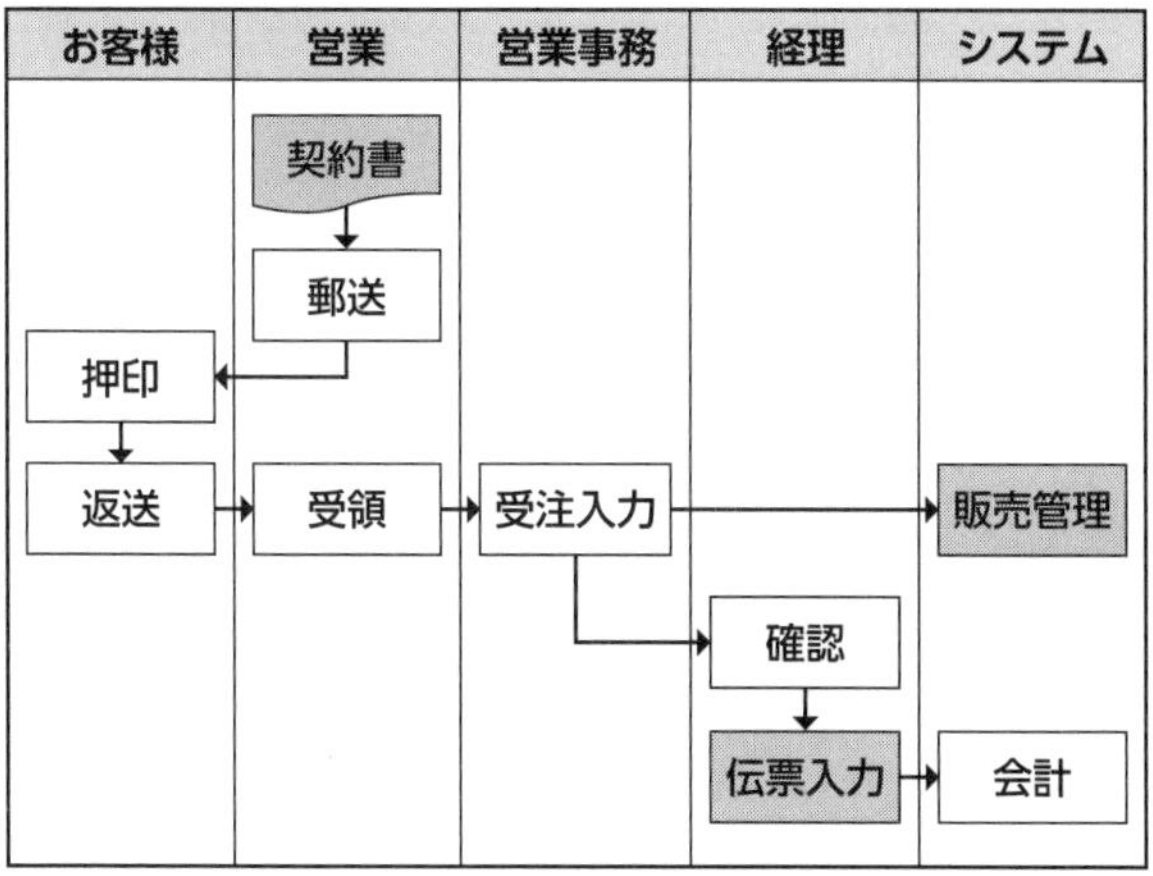

■あるべき姿の業務フロー

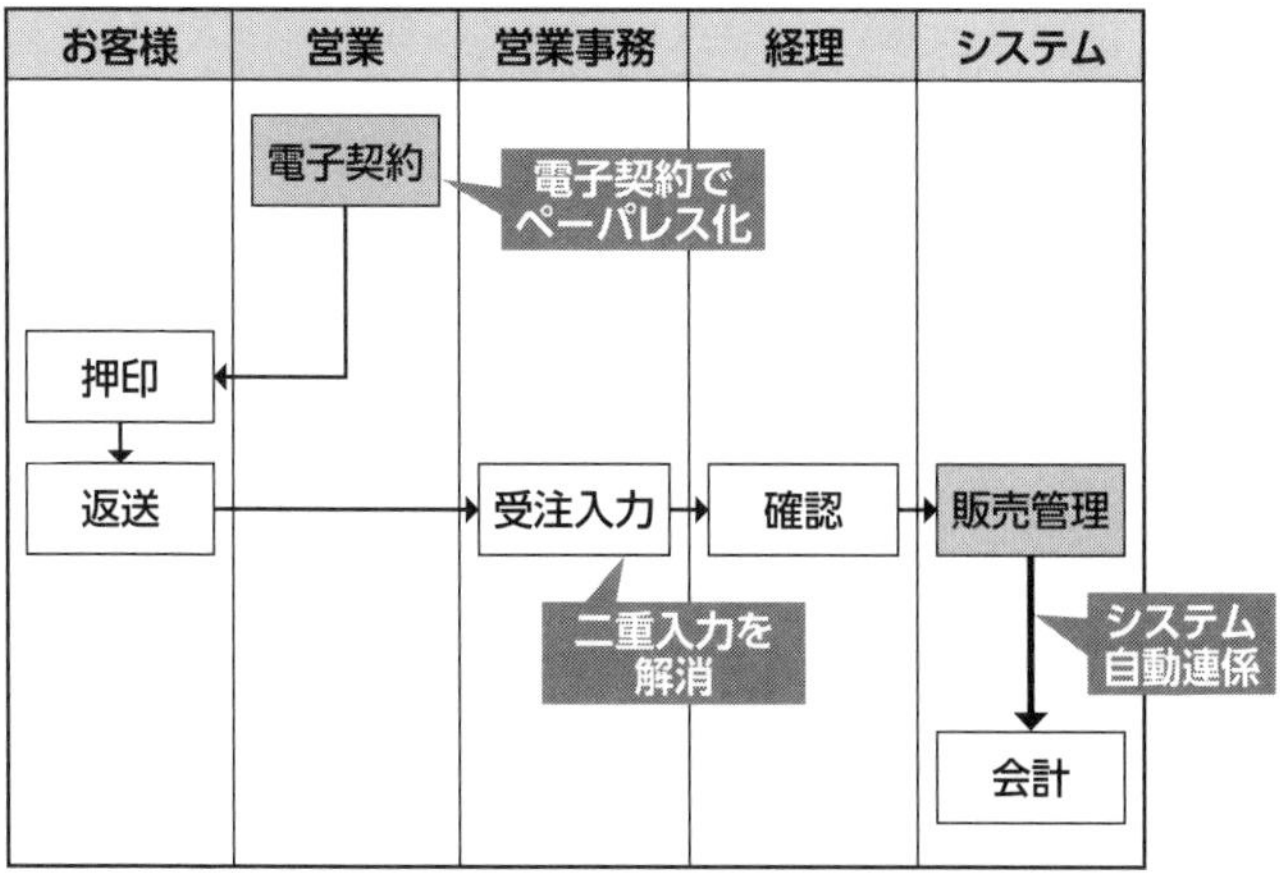

図表4-4 業務プロセスごとの工数と成果の測定

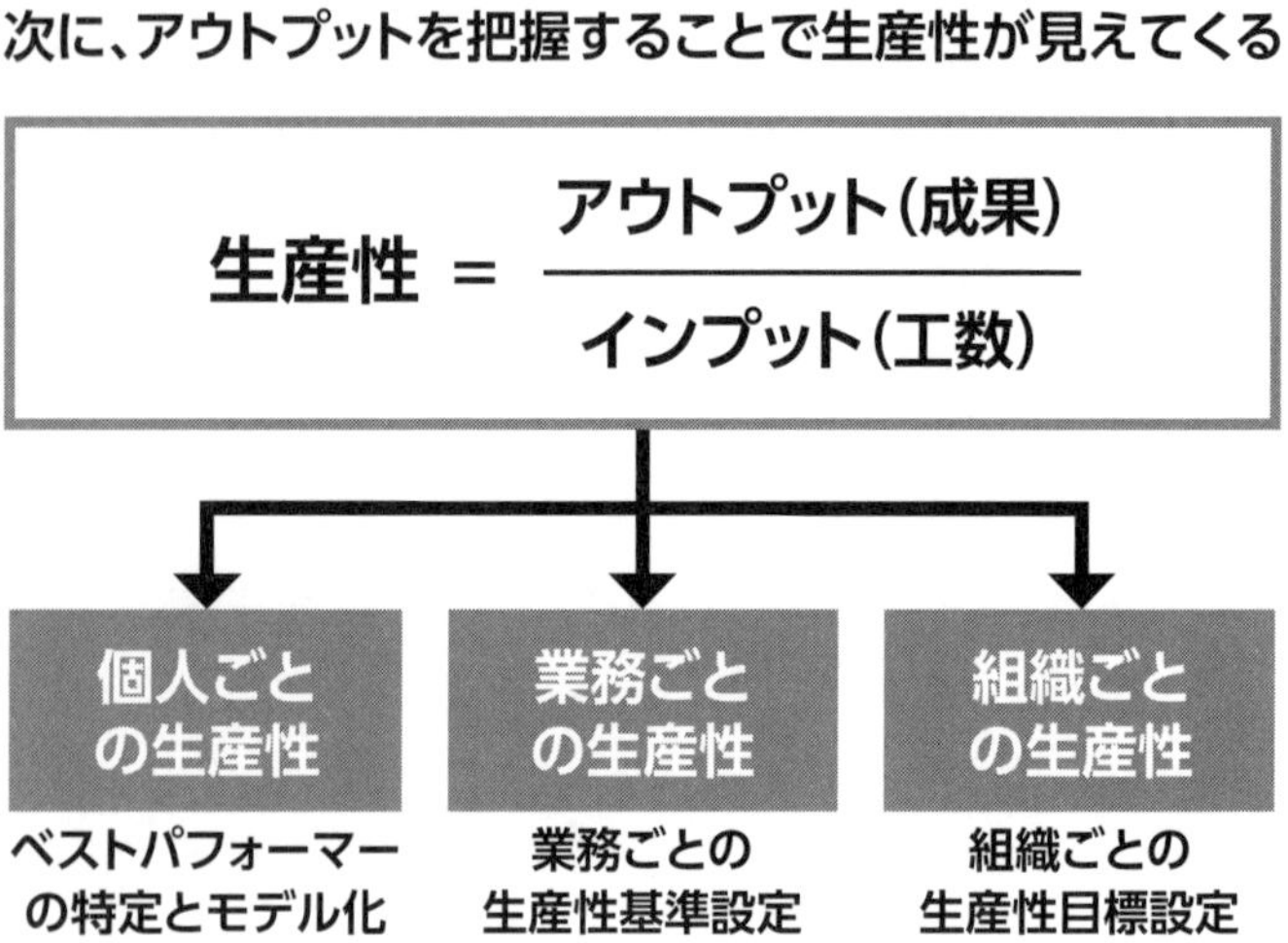

❶業務項目の棚卸し

まず、間接部門やバックオフィスで取り扱っている仕事を、すべて漏れなく項目として洗い出します。そして洗い出した業務項目を分類・整理して、一覧表にまとめます。これでいったんすべて棚卸しされたことになります。

❷業務フローの整理

次に、各業務項目を流れと役割でフロー化して可視化します。いわゆる業務フローチャートです。これをすべての間接業務について抜け漏れなく網羅的に行います。これによって、ようやく客観的に業務の流れと役割分担を俯瞰できるようになります。

❸業務プロセスごとの工数とアウトプットを測定

最後に、各業務プロセスにどの程度の時間工数を投じているか、その結果、どれだけのアウトプットを生み出しているかを定量的に測定していきます。これによって、インプット（工数）に対するアウトプット（成果）を客観的に把握できるようになり、業務項目ごとの生産性がわかるようになります。

ボトルネックを特定してデジタルツールで解決する

工数管理を実施すると、どの部署やどの人の仕事が速いか・遅いかがわかり、どの業務プロセスで時間を要しているかも明らかになります。また、業務フローを整理すると無駄な流れや重複作業も明らかになります。

図表4-5 重複作業や突発作業削減だけで生産性向上

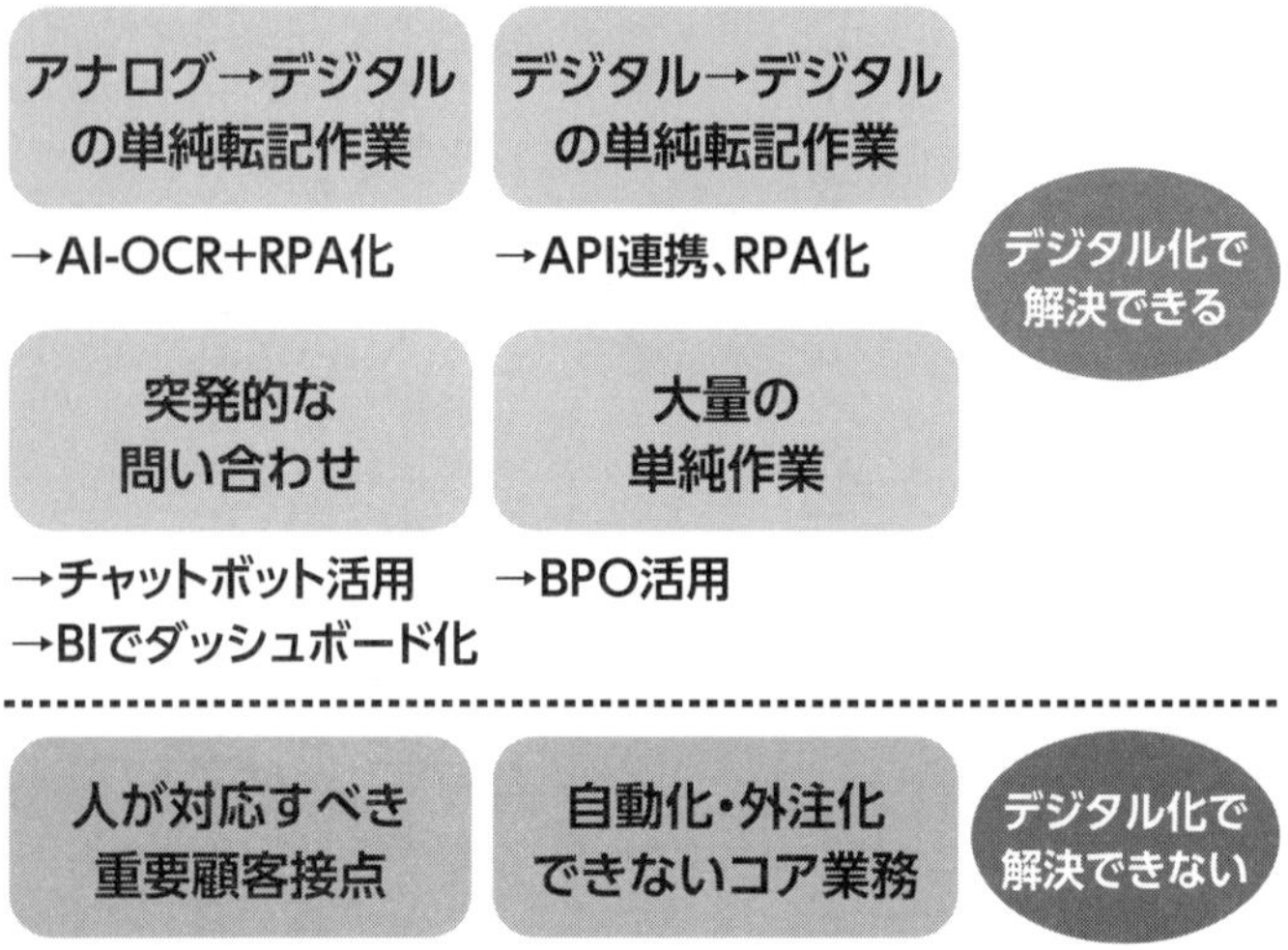

そうしたボトルネックプロセスや迂回フローを、デジタルツールを用いて解決していけば、自ずと生産性が高まります。こうした可視化を通じて、バックオフィス特有の共通課題があぶり出されてきます。

それは、「重複迂回作業」というバックオフィスによくある現象です。

バックオフィスの生産性が上がらない理由として、よく見られるのは「何度も同じデータをあちこちで入力している」という現象です。アナログからデジタルへの単純転記作業がそもそも多いのですが、デジタルからデジタルへの単純転記作業という、複数システムの間に人間が入ってデータを手動でコピペするという無駄な

図表4-6　当社のチャットボット導入例

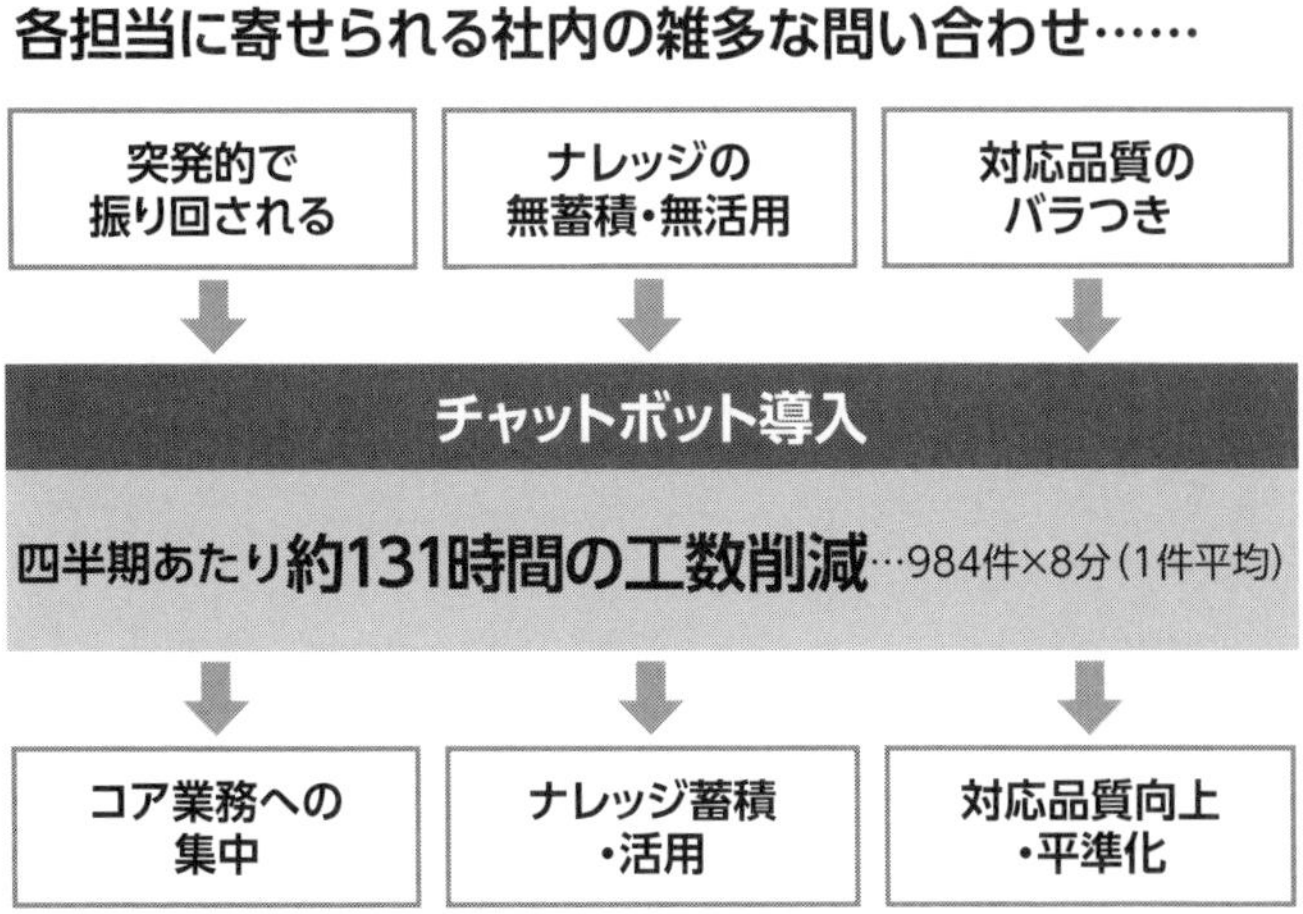

作業が実に多いのです。

現在のデジタル技術を用いれば、アナログからデジタルへの転記作業は、AI－OCR（光学的文字認識）で読み取って、RPAでシステムに自動入力することで省力化できます。また、デジタルからデジタルへの転記作業も、同じくRPAを用いることと、システムとシステムの間をAPI（アプリケーション・プログラミング・インターフェイス）で連携することで自動化することができます。

このような単純作業は、もはや人のするべきことではないのです。

バックオフィスの生産性が上がらないもう一つの理由が、社内や顧客からの突発的な問い合わせ対応です。「あのデータどこにありますか？」とか「提出期限っていつでしたっけ？」などの突発的な問い合わせや依頼に振り回されて、作業がたびたび中断されるのです。

これもまたＡＩチャットボットに代替させることが可能です。

当社では、バックオフィスへの問い合わせとその回答はすべてＡＩチャットボットを通すようにフローを変更しました。こうした問い合わせの多くは、ＦＡＱ（よくある質問）とも呼ばれるように、同じようなものが何度も繰り返されます。そのため、一度回答した問い合わせについては、ＡＩチャットボットが過去の回答履歴を参照して自動的に回答してくれます。これだけでバックオフィスの負担は大きく減少しました。

ＡＩチャットボットが答えられない質問は、人間がチャットで回答することになりますが、その回答はデータとして蓄積されるので、次回からはＡＩが回答することができるようになります。こうしてデータが蓄積されていくことで、突発的な問い合わせによる業務の中断からほぼ解放されることになりました。

導入にあたっては、すべての部門で同時に同じＡＩチャットツールを入れて、必ずそれを使うように全社員に徹底することが重要です。人間が回答するような抜け道が部分的に残っていると、人間に聞いたほうが速いし慣れているという理由で、どうしてもチャットボットは使われなくなってしまいます。最初の導入時に一斉にフローを変更して、全社員に協力してもらうことが肝要です。

Case 4

デジタル化で生じた余剰工数と人員を「高付加価値業務」に投入

当社では、お客様企業の〝ビジネスプロセスダイエット〟をサービスとして提供しています。それは、自分たちもバックオフィスのデジタルリメイクを通じて、業務プロセスの見直しと時間工数の削減を徹底的にやってきたからです。間接部門のビジネスプロセスをダイエットして、その結果生じた余剰時間を新規事業や営業に使えるようにしました。そのおかげで、社員数を増やさずに6年間で売上を4・5倍に伸ばすことができました。

船井総研デジタルは、もともと船井総研グループのバックオフィス部門を集約したバックオフィス専門のBPO会社でした。会社発足当初、約150名の社員のうち8割が非正規雇用の事務スタッフでした。会社の売上はすべてグループ内取引で、グループ全体から見ればコストセンターの間接部門でした。

しかし、同じグループとはいえ別会社になった途端、それまでの同じ社内の直接部門と間接部門という関係性ではなく「会社対会社の取引関係」になります。仕事を頼むと請求や支払いが発生す

図表4-7　当社の間接コストコントロール結果

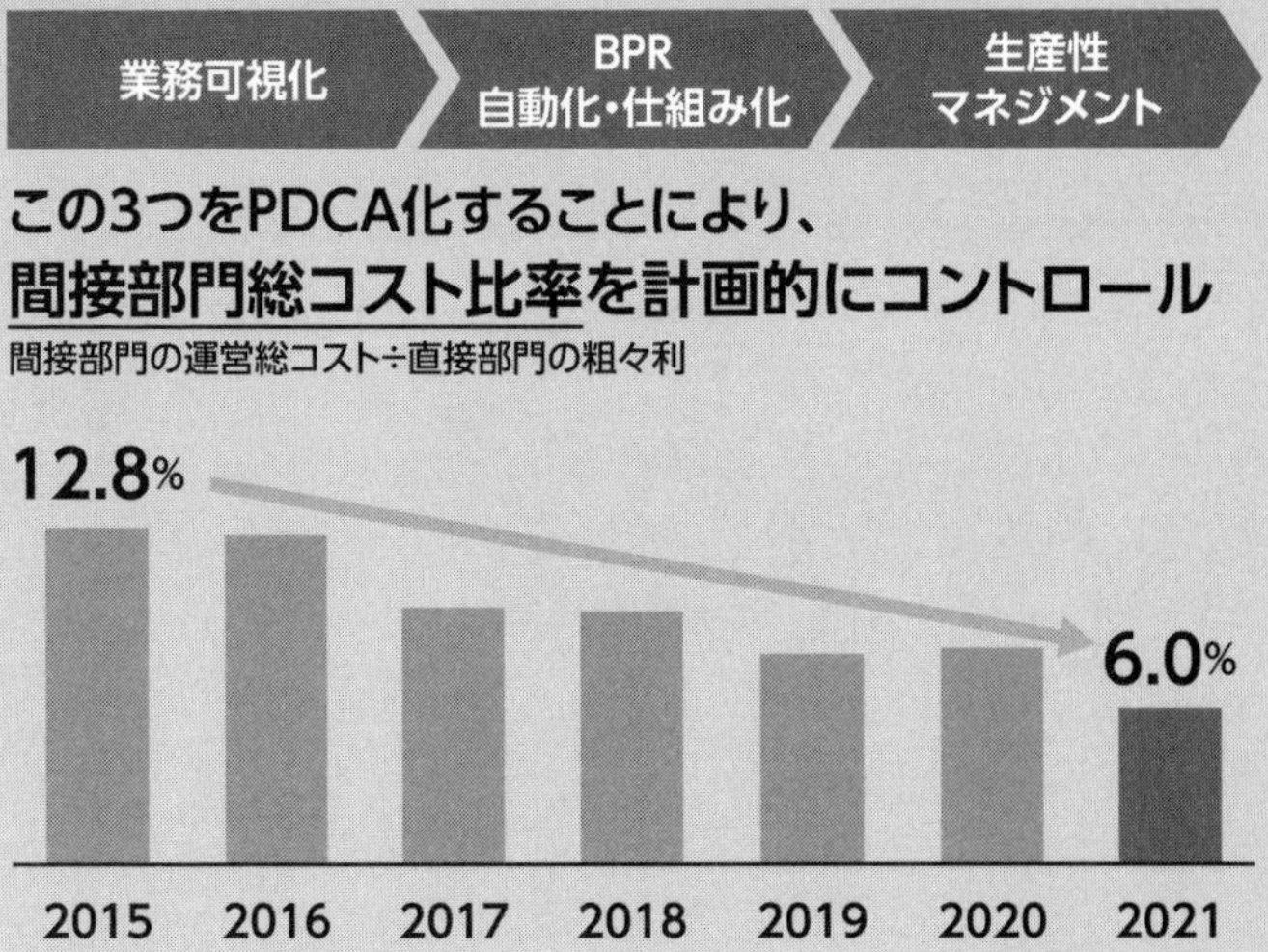

ることになります。すると自ずと厳しい価格交渉に晒されますし、グループ外の似たようなＢＰＯ会社とも比較されて、時には見積もりをとられたりもしました。また、グループ内の仕事にだけ頼っていては、売上や成長に限界がおとずれることもはっきりと見えてきました。

　そこで経営を安定させるために実行したのが、グループ外の取引先を増やそうという挑戦でした。デジタルリメイクで既存業務の生産性を上げて、そこで生じた余力をグループ外顧客の開拓（外販事業）に振り向けていったのです。

　その結果として、当初は０円だったグループ外取引を６年間で年間60億円（収益認識基準適用前）にまで増やすことができました。社員数をほ

図表4-8　事務スタッフは高付加価値業務にコンバート

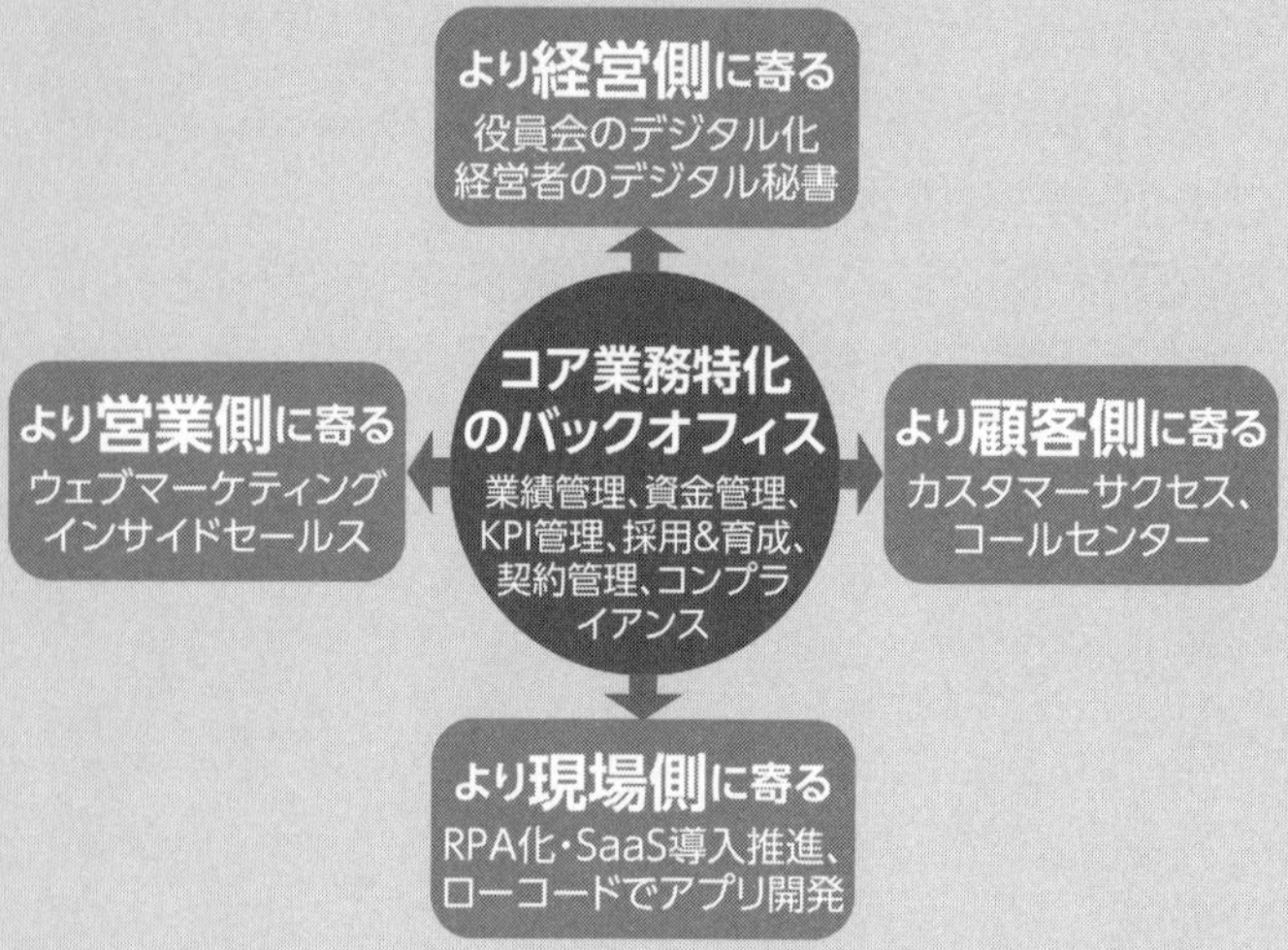

とんど増やさず、もともといた「事務スタッフ」だけで新規事業を立ち上げ、新規取引先を開拓していったのです。

船井総研デジタルが、グループ内企業に依存しない自立した企業に変われたポイントは２つあります。一つは、間接部門のスタッフに、「より高付加価値な仕事にシフトして自分たちの待遇を上げていくには何をすべきか」を自分で考えさせたことです。そして、適性のあるメンバーを選抜して外販専門部隊に移して、退路を断って新規事業に取り組みました。

もう一つは、自分たちが提供しているサービスの価値の本質を磨いて、外部に売れるサービスへと昇華させたことです。自分たちがバックオフィスの変革に試行錯誤を繰り返しながら取り組む過程で蓄積したノウハウや構築した仕組みを、外部のお客様に提供できる状態にまで磨き上げていきました。その一例をご紹介すると、次のようなものです。

・バックオフィスの業務可視化とビジネスプロセスダイエットのコンサルティング
・バックオフィスへのＩＴツール導入支援サービス
・間接業務におけるＲＰＡ活用の伴走支援
・基幹システムの刷新のお手伝い
・管理会計制度導入のお手伝い
・インサイドセールスコールセンターの立ち上げ、運営代行

代表的なものだけでもこれだけのサービスが新たに立ち上がり、もともと事務スタッフだったメンバーがコンサルタントやビジネス職に転身して活躍してくれています。そして、今ではグループ内取引よりも大きな事業へと発展しています。

「デジタル化」を行ったうえで、その仕組みを生かして新たなビジネスを立ち上げるという、小さなデジタル・トランスフォーメーションの事例として、当社の取り組みを紹介しました。

Case 5 看板工事業をデジタルリメイクで最先端企業へと大変革

株式会社クレストは1987年創業の群馬県の看板工事会社で、もともと大手カラオケチェーンや大手衣料品メーカーから依頼を受けて店舗看板を制作・設置する地方の中小企業でした。

この会社の二代目である永井俊輔社長は、「看板業」という成熟産業を、デジタルテクノロジーを駆使して「人流創造業」へと変革し、年間売上を10年間で8億円から40億円にまで伸ばしています。

看板製作・設置という祖業に、デジタルサイネージ（電子看板）のデザイン・制作・コンテンツ配信のサービスを付加し、さらにそのデジタルサイネージにAIカメラを組み込んで、来店したお客様の人数や年齢・性別を測定し、販促効果などの分析データを広告主や看板オーナーにフィードバックするというサービスを展開し、今では業界の内外から注目を集めています。さらに、昨今では小売店舗に設置されたデジタルサイネージを広告枠として外部に販売し、消費者に対してリワードを提供するアクション型広告のビジネスモデルを開発しています。

看板業というレガシー産業も、このようにデジタルテクノロジーをうまく駆使することで、最先端産業に生まれ変わらせることができるという好事例です。

同社はその後、LMI（レガシー・マーケット・イノベーション）グループへと企業ブランドをリフトアップして、店舗を中心に商業施設やポップアップストアなど、リアル領域の販促物・屋内外広告・看板・ウィンドウディスプレイなどを幅広く手掛けています。

永井社長はどのようにして、老舗の成熟企業をデジタル最先端企業に変えていったのでしょうか？　LMIグループが2019年にM&Aした株式会社東集を、いかにしてデジタルリメイクしたかを見てみましょう。

東集はもともと、1956年創業の社員約30名の材木卸売業でした。株式会社クレストは看板業で、材料として木材を使用しているので垂直方向への多角化としてM&Aを行いました。ところが創業から67年というこの会社は、かなりアナログな体質でした。永井社長によると、当時の状況は次のようなものだったそうです。

・データが何も残っていない
・目標数値やKPIがない

・ＰＤＣＡがなかなか機能しない
・電話とＦＡＸ対応が多い
・ＰＣが一人に1台ない
・新規営業があまりできていない
・社内の横の連携がまったくない
・若手が入社しない（平均年齢40代後半）

このような状況を、ＬＭＩグループの他の会社と同じデジタルレベルへと短期間で引き上げるためには、かなりドラスティックな改革が必要でした。

最初に行ったのが、電話回線（ＩＳＤＮ）から光回線とWi-Fi環境に変更することでした。これで回線速度は20倍以上に向上しました。さらに全員にノートＰＣを支給して、４カ月後には、社内の全員がセールスフォースを駆使して仕事ができるようになりました。

また、お客様からの注文連絡のほとんどはＦＡＸだったので、受信したＦＡＸを自動的にクラウドにアップロードして営業部のメーリングリストへ同時配信するシステムをつくり、とにかく会社から紙をなくしてすべてがデジタルで完結するようにしたそうです。

印鑑もデジタル化して、ＰＤＦ上で押印してお客様にはＦＡＸで戻すような仕組みも整えました。とにかく社員の負担にならないように、資料の写真なども自動的にクラウドにアップロードされるなどの仕組みを整えて、誰でも簡単に使えることを意識しました。

また、新しいシステムを導入するにあたり、大量のマニュアルが必要となりますが、紙のマニュアルは作成する人も読む人もたいへんなので、すべて動画撮影してセールスフォース上のわかりやすい場所に保存して、モニタで見られるようにしています。

会議もすべてオンラインにしました。当初は不満の声もありましたが、普段話す機会のない人と気軽にコミュニケーションをとれることがわかってくると、次第に定着していったそうです。

そして着手から約半年後には、同じグループの他社とほぼ同じレベルにまでなんとか漕ぎ着けました。

これは決して、簡単なことではありません。

永井社長の著書『市場を変えろ　既存産業で奇跡を起こす経営戦略』（かんき出版）には、次のように書かれています。

「デジタル化の目的は次の三つである。①業務効率を上げる　②構造化された部分を計測する　③

データを蓄積する　デジタル化は、簡単にいえば数値化であり、見える化だ」

そして、具体的な施策として次のような例を挙げています。

・営業一人ひとりの成績をグラフにしてスプレッドシートで作成し、共有
・Googleカレンダーを浸透させてスケジュールを共有
・早い時期からセールスフォースを導入し、顧客データの管理から請求書発行まで連動
・会社支給の携帯電話をガラケーからスマホに変更
・マーケティングオートメーションをいち早く導入し、顧客のウェブサイトの閲覧状況などを把握して営業に活用
・社内のコミュニケーションを社内ＳＮＳで行うようにし、それぞれの事例をシェアしながら社内で褒め合う文化を醸成

このように、社内のありとあらゆるブラックボックスをデジタル化&可視化&数値化していったのです。そして、こうしたデジタル化の基礎・土台が整うや否や、木材卸という祖業をデジタルテクノロジーで進化させて「木材を生かした空間デザイン提案」という業態へと進化させていきます。ここからが永井社長の本格的なＤＸ戦略の始まりです。

木材卸売という業態は商流でいえば最も下流に位置していて値段も叩かれがちです。しかし、「木材を生かした空間デザイン」というオンリーワンの上流ポジションへとシフトすることで、ビジネスにおける主導権を握れるようになって利益率も大きく改善します。

それを果たした今では、オフィスデザインから施工までを手掛けるようになり、さらには蓄積されたデータを活用して、オフィスの効率化や快適化の提案をするようになっています。昨今のウッドショックで世間一般では木材の調達が難しくなっていますが、同社は本業が木材卸売なのでしっかり競争優位性が働いています。

あらためてこの事例のポイントを筆者なりの観点で整理すると、「デジタルテクノロジーを徹底活用して、祖業を生かしつつ顧客の本質的目的にフィットする上流のオンリーワンポジションを獲得する」ということなのではないかと思います。

戦略5

——顧客接点

「利便性を上げる」

まず、自社と顧客との間にある不便・非効率をあぶり出す

企業と顧客の間にはさまざまな接点がありますが、そこに費やす労力や時間はお互いに膨大なものになっています。

たとえば顧客側からすると、何かを注文するにはまずメールや電話で資料を請求し、その資料を見ながら注文したい商品やサービスに目星を付けて見積もりを依頼し、見積もりが届いたら値段交渉をして、折り合いがついたら契約書を交わして郵送する……といった具合に、何かを依頼したり注文したりするのにこれだけの手間と時間がかかってしまうのが当たり前でした。企業側からしても、顧客とのこうした一連のやりとりにかなりの時間と労力を投じていました。

こうした取引における接点をデジタルリメイクすることで、企業と顧客の双方にさまざまなメリットがもたらされます。

〈顧客側のメリット〉

・利便性の向上…問い合わせ、見積もり、契約などにかかる手間が削減できる
・時空的制約の排除…24時間、いつでもどこからでも注文・照会・情報入手ができる

(企業側のメリット)

・生産性向上…少ない社員数でより多くの顧客に対応ができる
・時間的制約の撤廃…24時間365日、サービス提供や受付対応が可能
・成約率の向上…正確かつ大量の迅速対応が可能になり、成約率・成約数が向上
・データの二次利用…蓄積されたデータをマーケティング・商品開発・在庫管理に活用可能

顧客接点には大きく分けると2つのフェーズがあります。マーケティングプロセス上の新規顧客との接点と、すでに(過去に)取引のある既存顧客との接点です。

新規顧客獲得のマーケティングプロセス上の接点は、「認知→反響応対→商談→契約→フォロー」というステージ(段階)構成になっていて、各ファネル段階を次に移行させるためのデジタルツールが業種業界ごとに数多くリリースされています。いわゆるSFAというツールです。これについては、戦略6で詳述します。

一方、既存顧客との取引接点問い合わせは、「照会→再注文→追加注文→解約→リアクティベート」という要素で構成されています。最後のリアクティベートというのは休眠顧客の呼び覚ましという意味で、実はここが意外に疎《おろそ》かにされています。それ以外の部分で手間と労力がとられてしまって、そこまで手が回らないことが多いのです。

新規顧客獲得活動における顧客接点をカバーするSFAが数多く存在する一方で、既存顧客との接点をカバーする汎用的なデジタルツールはさほど多くありません。既存顧客との取引接点の在り方は各社各様であるうえに、その顧客との過去の取引履歴や与信情報などとの連携が必要になることもその大きな理由です。

つまり、顧客管理システムや販売管理システムとの密な連携が必須になるという面で、SFAほどシンプルではないのでしょう。既存顧客接点のデジタルリメイクにどこまで踏み込めるかは、そのための情報基盤やデータがどこまで整備されているかによって左右されることになります。

顧客接点のデジタルリメイクの具体的な取り組み

1 新規顧客獲得接点のデジタルリメイク

❶反響応対チャットボット活用

近年、ウェブからの反響に対する一次応対を、人の代わりにチャットボットが行えるようになってきています。ウェブからの反響を、次のステージである商談や面談に移行させるには、いかに素早く問い合わせに対応できるかにかかっています。

しかし、営業担当者は目の前の商談などに追われて即時対応ができない場合が多いので、それをAIチャットボットに代行してもらうのです。これによってチャンスロスを減らすとともに、営業担当者が目の前の商談に集中できるようになります。業種によってさまざまな反響の自動応対用のチャットボットツールがリリースされているので、一度調べてみるとよいでしょう。検索サイトに

「反響応対」「自動化」という検索ワードを入力すると、さまざまなツールが業種ごとに展開されています。業種に合う反響応対チャットボットがない場合でも、汎用品から比較的安価に構築することができます。

❷接客・商談のリモート化

コロナ禍において一気に進んだのが、オンラインによる接客や商談でしょう。ビデオ通話システムなどを通じてオンラインで接客・商談を行うことで、営業スタッフ・顧客共に時間や空間の制約に縛られることなくコミュニケーションを図ることが可能になりました。

移動にかかる時間やコストを削減でき、商談件数を増やすことも可能になりました。また、ＰＣに資料を投影するプレゼンや契約書の説明にはオンラインのほうが向いています。

当社が行っているコンサルティング業務もコロナ禍前は現地訪問が大前提でしたが、最近ではリモートコンサルティングによって遠隔地のお客様であっても高頻度かつ適時に相談に乗れるようになりました。移動のコストと労力が下がり、反対に顧客満足度と社員の稼働率は上がっています。

❸契約の電子化

紙面で行っていた契約を、インターネット上での電子署名やタイムスタンプによる契約に移行することで、契約書の印刷・郵送・保管にかかる手間や時間、コストを大幅に削減することが可能になります。契約書の郵送費は軽視できないコストですし、その封入・発送・回収・保管にかかるバックオフィスの労力も意外に大きいのです。

また電子契約のドキュメントは電子データとして保管されるので、過去に交わした契約書類の検索が容易になり、契約上の問題が発生した際にも迅速な対応が可能になります。顧客側も時間と場所に縛られずに署名捺印ができるので利便性が向上します。

電子契約を導入するかどうかは、あくまで導入コストと削減コストの見合いにもよりますが、私たちの感覚では導入コストよりも削減可能コストのほうが大きいのではないかと思います。

また、業種によっては消費者保護の観点から契約書の重要事項説明は対面方式が義務付けられているケースも少なくありませんでしたが、最近では非対面での重要事項説明が徐々に認められるようになってきていて、先のリモート商談と電子契約を併せて利用できるようにすれば、商談から契約までが非対面でスムーズに進むようになります。

なお、こうした電子契約のツールに関しては、グローバル市場や大企業の間では米国に本社を置くDocuSign（ドキュサイン）のシェアが高く、国内や中小企業の間ではCloudSign（クラウドサイン）がコストが安いこともあって最も普及しています。他にもさまざまな電子契約サービスがありますので、自社の業務特性や契約フロー、顧客にとっての使い勝手とコストパフォーマンスの良い電子契約サービスを比較検証してから導入しましょう。

2 既存顧客接点のデジタルリメイク

❶問い合わせへのチャットボット活用

人が対応していた顧客からの各種問い合わせを、ＡＩチャットボットが代わりに24時間対応できるようになりました。これにより、突発的な問い合わせ対応で奪われていた業務時間が大幅に削減できるようになり、より付加価値の高い業務に時間を使えるようになります。しかも、質問と回答を繰り返すたびにＡＩが学習して回答の精度がどんどん上がっていきますから、早めに導入すればするほど賢いチャットボットが育っていきます。

当社の場合も、ＢＰＯの受託先の社員さんからの問い合わせが、月末月初になると集中的に増加します。かつてはこの対応のために当社のスタッフの残業が目に見えて増えていました。また、回答する人によって微妙に内容が異なっていたり、担当者によっては即座に回答できずに相手を待たせすぎてクレームの一歩手前の問題も発生していたのです。

ここにＡＩチャットボットを導入し、過去の質問と回答内容を学習させて社員の代わりに回答してもらうようなフローに変えました。ＡＩがまだ学習していない新たな質問については、あえて人がチャットボット経由で回答することでＡＩがそれを学習し、次からはＡＩチャットボットが回答できるようになっていきました。

その結果当社の場合、導入初月でいきなり３００時間以上の問い合わせ対応時間の削減が実現しています。そして、徐々にこのチャットボットを利用する人が増えるにつれて、回答の精度向上と社員の生産性向上が掛け算的に実現しています。

❷在庫確認・照会の自動化

顧客からの在庫確認の問い合わせを、在庫管理システムと連携して自動化するという取り組みです。

ECサイトで物販を行っている企業では、注文受付と在庫管理との連動は当たり前の機能として認識されていますが、購買頻度の低い商材やサービスを扱う業種では、いまだに電話やFAXで在庫照会を受けている会社も少なくないと思います。

そういった業種で、在庫状況の即答率とその後の成約率の因果関係が高い場合は、まずはここからデジタルリメイクに着手するべきかもしれません。おそらく在庫管理システムは導入されている会社が多いでしょうから、そこにある在庫データを取引先に提示するアプリやウェブサイトをローコードで構築するだけで、比較的簡単に実現できるはずです。

たとえば、不動産賃貸管理会社では繁忙期になると、「あの部屋空いてますか?」という仲介店舗からの問い合わせが極端に増加するのですが、空室照会システムを構築してそれをホームページ上に貼り付け、仲介店舗から問い合わせの電話がかかってきたら自動音声で空室照会システムに誘導するという対応に切り替えたことで、繁忙期の残業が激減したという例もあります。

❸AIを活用した見積もりの自動化

過去に作成した見積もりをデータベースとして蓄積し、新たに発生した見積もり依頼と類似の過去の見積もりデータを使って、ＡＩが見積もり案を自動作成することができます。

取引先からの見積もり依頼に忙殺される企業は少なくありません。特にＢtoＢ業種においては日常的に多く見られる事象だと思います。発注する顧客側も見積もりがすぐほしいところ待たされて、社内の発注申請をすぐに回せずにそこで仕事が止まってしまいますし、見積もりを作成する側も見積もり依頼内容を確認して、商品マスタ情報を参照しながらエクセルベースのフォーマットに書き込んで上長の承認を得てから顧客に投げ返すという作業に日々追われています。これをＡＩ活用によって大幅に削減できるのです。

❹請求書類の電子化

紙の請求書を電子化することで、印刷・封入・発送の手間やコストを削減できるだけでなく、請求書の管理が容易になるというメリットがあります。特に経理などのバックオフィスの業務軽減に最も大きく寄与するのが請求書の電子化です。当社でもバックオフィスの生産性向上のコンサルティングを実施する際に、各経理業務の工数を測定したところ、請求書の作成・発送業務が多くの工数比率を占めているケースが少なくありません。

目下、「改正電子帳簿保存法（電帳法）」の対応に追われている会社も多いと思いますが、この法律は、簡単に言えば請求書などの取引書面の電子化を後押しする法律です。企業間での取引情報の電子保存を義務付けたもので、この法律の施行によって電子取引でやりとりした請求書データなどを紙で保存することができなくなります。請求書を電子化するには、この法律で定められた要件（電子署名・タイムスタンプなど）を満たす必要がありますが、それに対応した専用のデジタルツールを利用することでこれらの要件はクリアできるので心配はいりません。

ちなみに、中小企業でよく導入されている電子請求書ツールとして freee や楽楽精算などがありますが、こちらも自社に合ったツールを比較選定しましょう。

❺解約・更新手続きの電子化

契約には必ず期限があり、更新のタイミングで手続きをしないとその契約は失効してしまいます。この期限管理と契約更新手続きを疎かにしている会社が意外に多いのではないかと思います。

契約更新月が過ぎてからそれに気づいて、契約の空白期間が生じてしまうケースは実は少なくありません。逆に、次の契約満了のタイミングで解約しようと思っていたのに、うっかりそのタイミングを逃してしまい契約が自動更新されてしまったというケースもあると思います。

契約更新期日や満期日はあらかじめわかっているのですから、その期日前にアクションを計画的に起こせば何も問題ないのですが、ここを人の記憶や手に頼ってしまうことでミスやロスが生じてしまうのです。デジタルで自動化することで、こういったロスや契約の空白というリスクを回避することが可能になります。

たとえば、契約をできるだけ更新してほしい企業側としては、契約更新月の前月に自動的に契約更新の案内メールを電子契約書とともに送付し、返信や更新契約未了の客先を自動リストアップして担当者が電話をかけていくというフローを組むことで、契約更新率を最大化することができます。こうした機能は最近の電子契約ツールに実装され始めていますし、ローコードで比較的簡単にそういう仕組みを構築することも可能です。

❻休眠客のリアクティベート(呼び覚まし)

顧客の属性や過去の取引履歴から必要と思われる情報を提供することで、過去の取引顧客を呼び覚ますことができます。長年の事業活動を通じて蓄積した過去客のデータはまさに宝の山です。新規顧客の獲得には相応のコストがかかりますが、過去客のリアクティベートは新規に比べるとかかるコストはかなり少なくて済みます。

たとえば、過去の取引履歴などや顧客属性に基づいてそのお客様にとって参考になりそうな情報や、好まれそうな商品・サービスの情報を定期的にメルマガで配信するなどしてLP（ランディングページ）に誘導。お客様から資料請求やページ閲覧などのアクションがあれば、インサイドセールス部隊のオペレーターから架電します。

昨今ではChatGPTなどの高度な生成AI技術が一般的に利用できるようになり、顧客の属性や嗜好といくつかのキーワードを入力するだけで自動的にメルマガの文章案やレコメンド画像が生成されるようになり、こうしたコンテンツ制作の手間が減って精度が上がってきています。

文章やコンテンツの作成が苦手、そんなところに労力をかけられないという人でも、気軽に取り組めるようになってきました。当社では、そうしたAI技術を活用したツール開発も行っていますが、こうしたご相談が最近増えてきています。

「とにかくデジタル化すればいい」というわけではない

ここで注意しなくてはならないのが、単にデジタル化して現場の業務量が減って「楽になっただけ」というパターンです。最も避けるべきは、顧客接点をやみくもにデジタル化してしまったがために、かえって顧客との関係性を希薄にしてしまったり、機会損失を招いたり、顧客の不満を増やしてしまうような事態になることです。

デジタルリメイクで創出された顧客接点における時間とリソースは、人が時間と手間をかけて対応すべき重要顧客接点に投下して、付加価値を向上させることが肝要です。

たとえば、「アポluck」という当社のコールセンターサービスでは、ウェブサイト上から資料請求を申し込んできたお客様に対してオペレーター（人）が即座に折り返し電話をかけ直して、ニーズや悩み事をできる限り親身にヒアリングし、営業担当に代わって商談アポイントを取得しています。各営業担当者とはウェブ上のカレンダーを共有しているので、スケジュールにも即時反映されます。

この取り組みはかなり高い成果を上げていて、今では数百社のお客様から継続的にご依頼をいただいています。この仕組みがうまくいっているポイントは2つあります。

先に述べたように、一つは専業化（分業化）です。営業担当者が片手間に資料請求などの引き合いに対応するのではなく、インサイドセールス専門の担当者が網羅的かつ継続的に商談アポがとれるまで追いかけるという点です。そしてもう一つのポイントは、「デジタル自動応対との差別化」です。他社が自動返信メールやチャットボットで一次応答するところを、あえて人がリアルに即座かつ親身に対応することで差別化を図っているのです。これによってシステムの自動応答よりも数倍高いアポ率（商談移行率）を安定的に叩き出しています。

ただし、この「人が応答する」という一見アナログな対応も、SFAツール（Zoho）とリモートコールセンターシステム（Amazon Connect）を連携させて、限りなく効率化と精緻化を行ったうえで、精緻なBIでKPIを管理された在宅オペレーターが対応にあたっています。デジタルツールで仕組みと環境を整えているからこそ、「お客様との対話」という大事な顧客接点に効率良く人的リソースを投じることができて、単に便利になった以上の価値と成果を生み出しているのです。

デジタルで埋められない重要なラストワンマイルこそ、人が埋めなくてはならないのです。デジタルでカバーしえない「顧客の心理的価値向上に繋がるアクション」は、人が行うべきだということです。表面的な自動化ではなく、顧客接点の本質価値を支えるデジタル化を考えるべきでしょう。

戦略6

マーケティングプロセス

——「リードを増やす」

マーケティングプロセスのデジタルリメイクとは、主にウェブサイトを使ってネットでのマーケティングに力を入れることを指します。

ウェブマーケティングの世界は日々もの凄いスピードで進化しており、本章ではそのトレンドと対応策を一通りカバーするために、押さえておくべき最新技術やテクニカルなコンテンツについても多く触れています。

また本章では、マーケティングプロセスのデジタル化がすでに最先端レベルまで到達している「ECやネット専業」などの業種は主な対象とはせず、いまだアナログ販促への依存度が高い業種や会社のためのリメイク施策と手順についてお話しします。ECやネット専業の企業については、競合他社を上回る形でより詳細なSEO（サーチ・エンジン・オプティミゼーション）、ウェブ広告やSNS等を利用したウェブマーケティングを実施していく必要があり、それはもはや日々の販促そのものとも言える分野ですので、本書の「デジタルリメイク」という趣旨と変わってきてしまうため、また別の機会に説明を譲ることとします。

デジタルで売る商品を決めて専用サイトで販売する

｜デジタルマーケティングをめぐる状況と対策

デジタルを使った販促については、ネットの登場以来、多くの業界でこれまでも研究され、実践されてきました。しかし、ECやネット専業のビジネスを除けば、2023年現在でも世間のイメージほどには普及していません。

ネット通販という業態が誕生して25年以上が経過し、シェアも年々急速に伸ばしてはいるものの、それでもEC化率（総流通金額におけるネット販売比率を表す指標）は、2021年現在、最も高い「書籍、映像音楽ソフト」ですら46・2%と、半分にも達していないのが実情です（経済産業省「令和3年度電子商取引に関する市場調査」より）。スマホの普及率が100%近くになったとはいえ、決してすべてがデジタルに置き替わっているわけではないのです。

また、コモディティでかつ宅配等で簡単に届けられる書籍や映像音楽ソフトとは異なり、車などの高額耐久財や、サービス業やBtoBビジネスといった分野でのデジタル化は、まだまだEC化率が低いのが実態です。

そのため、販促のデジタルリメイクをしようにも、成功イメージがなかなか湧かない業界・企業も多いのではないでしょうか？

当社や当社グループの船井総合研究所でもデジタル化比率が100%というわけではなく、むしろアナログ販促の代表格であるチラシDMに頼る時期は思いのほか長く続きました。いまだに販促物は紙ベースのDMも郵送していますし、FAXでのセミナー申込受付を完全にウェブ化したのも、実はほんの数年前のことです。

コンサルティングやウェブ広告代理店等の競合他社や、クライアント企業を見渡しても、いまだに営業は足で稼ぐスタイルが少なくありません。折り込みチラシは減ってはいるものの、ポスティングチラシや、DMによるアナログ販促の比率のほうが高い企業も多く存在しています。

それは過去の成功体験から離れられないという理由だけでなく、過去にデジタルマーケティングにトライしたものの、手痛い失敗をした等のケースも多いのではないかと思います。

しかしながら昨今、デジタルマーケティングの成果がにわかに出始めている業界・企業が増えつつあります。

その業種と主たる特徴は、次の通りです。

・BtoCの高額商材で営業担当が複数いるような企業（例：住宅、不動産、自動車販売など）

・BtoBビジネスで、これまでは既存の取引先に継続的に販売していたが、業界構造や商流の変化により、新たな取引先の開拓が重要となった企業（例：製造業など）

・BtoB、BtoCを問わず、膨大な顧客リスト、見込み客リストを抱えているが、売上の多くは特定企業に偏っており、少額の取引先や見込み客への営業に営業リソースを割けない企業

・営業担当者の個人スキルに依存した営業の業界で、時代の変化と共にウェブマーケティングからの集客が機能するようになった企業（例：建設業など）

このように、今までデジタルマーケティングが難しいと言われてきた業種や業態においても成功事例がいくつも出現していて、高確率で再現性を持って成功する勝ちパターンが見えつつあります。

これまでデジタルマーケティングに積極的に取り組まなくてもそれなりに成り立っていた業種や

業態でも、積極的にデジタルマーケティングへの対策を講じないと、競合に先を越されて瞬く間に周回遅れを喫してしまうような時代へとすでに突入しているのです。

2　デジタルで売りやすいもの、売れにくいもの

デジタルマーケティングにトライする際にまず意識することは、自社のすべての商品の販促を同時にデジタルリメイクするのではなく、デジタルで売りやすいものからトライするということです。

デジタルマーケティングに合った商品を見極める方法は、次の2つです。

❶競合や類似商品のウェブ広告が出ているか

ウェブ広告は費用対効果も計測しやすいため、他社もあまり無駄打ちはしていません。ですから、ウェブ広告が継続的に出稿されているようなビジネスや商品は、デジタルマーケティングで成果が上がる可能性が高いと思われます。特に、同業他社が複数の媒体やポータルサイトにウェブ広

告を掲載しているようであれば、デジタルマーケティングで成果の出やすいビジネスや商品だと考えるのが妥当です。

ただし、ネット上での競合が激しすぎると利益が出ないことがあります。同じような商品やビジネスの場合、ネット上では簡単に価格比較されるので、常に強い価格競争圧力に晒されます。仕入れに強みがある会社や取引実績をつくりたい会社などが、採算ラインを下回るような価格で商品を販売していることもあるので、見極めが必要です。

採算ラインを割ったり、採算ギリギリの価格にしたりすると、LTV（ライフ・タイム・バリュー＝顧客生涯価値）を考慮した価格設定といった高度な運用が必要となるので、デジタルマーケティングに初めてトライするような際に選ぶ商材としては避けたほうが賢明な場合があります。

❷ターゲットは充分にいるか

ウェブ広告を出している会社があまりいない商材であれば、そもそもネット上に顧客となるターゲット層がいるのか、検索キーワードのボリューム（検索される回数）があるかを見極めていく必要があります（※）。

BtoB商材では、全国に顧客先になりうる会社が数十社〜数百社しかないといったケースもあります。そうした場合は、営業リストをつくって、電話するなり訪問するなり、直接営業したほうがむしろ確実に成果に繋がります。このような場合は、デジタルマーケティングを行うにはターゲット数として少なすぎるといえます。

また、ターゲットはたくさんいても、検索ボリュームが充分にない（検索される回数が少ない）といった場合もあります。日常的にネットを使っていないターゲット向けにデジタルで販促することはそもそも困難です。

特に高齢者を対象にしたようなビジネスの場合、検索ボリュームが少なくなりがちです。

ほかにも、たとえば富裕層や不動産オーナーを狙ったマーケティングを実施したい場合では、対象は多いものの、信憑性の問題からかターゲットがネットを使った情報収集を行っていない場合が多く、現状では、デジタルマーケティングの費用対効果がほかの手段（法務局の不動産登記情報からリストをつくる等）に比べて劣ることがあります。

ただし、検索ボリュームがほとんどなくても、特定のキーワードを使う特定の専門家のみを相手に情報を発信することで大きな売上に繋がるような場合は、検索ボリュームがたとえ少なくともウェブマーケティングが成立することも例外的にはあります。

専門家のリストを集めるコストとウェブでリストを集めるコストを比較し、ウェブで集めるほうが有利なのであれば、トライする価値は高くなります。たとえば株式会社キーエンスなどは、このマーケティングを上手に活用して、高い精度のウェブマーケティングをBtoB業界で展開しています。

※検索ボリュームはGoogleキーワードプランナーなどのツールで調べられます。必要なボリュームとしては商材とキーワードの関連性によっても違いますが、少なくとも月間に100~1000は欲しいところです。

3　デジタルで売る商品が決まったら、専用サイトを用意する

デジタルで販売していく商品の目星が付いたら、次に考慮するべきはどのようなサイトで販売するかです。美容や住宅などでは有名なポータルサイト（「ホットペッパービューティー」や「スーモ」

等）が存在していて、その分野で圧倒的に強いポータルサイトに頼って集客している会社も少なくありません。

これまではポータルサイトからの集客のみでも成立していた企業も多いのですが、ポータルサイト内に競合が増えると、ライバル会社よりも露出を増やすために多額の追加費用が必要になって、自社の利益が減ってしまいます。そのため、競争が激化している業界では、自社サイトでのデジタルマーケティングに力を入れる企業が増えています。

自社サイトでの販促に挑戦する際、よく聞かれるのが「既存のコーポレートサイトに販促をかけていけばよいのか？」という質問です。ここで言うコーポレートサイトとは、会社概要や自社サービスの一覧などが掲載された、いわゆる企業ホームページのことです。

結論から言えば、コーポレートサイトとは別に各サービス専用のサービスサイトを分けて持つほうがよいと私たちは考えています。もちろん業界や商材、予算などによって最適解は変わるとは思います。ただし将来のことまで考えると、多くの場合はコーポレートサイトとサービスサイトは分けて用意したほうが賢明です。その理由は次の３つです。

❶狙いたいキーワード順位（SEO）を最大化する

SEOとは、Googleなどの検索エンジンで上位表示を狙うという意味です。そのためには、サイトのタイトルに重要キーワードを一つ入れる（タイトルのなるべく前のほうに入れる）と、簡単かつ大きな効果があります。

売りたいサービスがいくつかある場合、この狙いたいキーワードが同一サイトに複数あるよりも、一つひとつ独立したサイトになっていたほうがそれぞれに効果を発揮してくれます。

タイトルだけでなく、狙いたいキーワードに関連するサイトページの豊富さなどさまざまな要因が関係してきます。したがって、商品やサービスごとにターゲットが異なり、検索キーワードも異なる場合は、それぞれにサービスサイトを独立させたほうがSEOの効果を狙いやすくなります。

❷サイト来訪者の目的と関連商品の結びつきを明確化

SEOは、あくまで検索エンジンからの自然流入を促すという地道な施策なので、多少お金を払ってでもウェブ広告を使ったほうが手っ取り早いと思われる方がいるかもしれません。ウェブ広告でサイトに訪問してもらっても、そのターゲットを受け止めるだけのコンテンツが不十分だったり、訪問者には興味のない余計な情報が載っているサイトからはすぐに離脱してしまいます。

たとえばコーポレートサイトを訪問するのはメディアや投資家や、就職希望者であって、商品やサービスの購入を検討している見込み客ではありません。別々の関心を持つ人を同時に満足させようとすると、ファーストビューで訴求すべき商品・サービスが分散してしまい、サイトのデザイン的にも導線が複雑になり、結果として広告の最終目的であるコンバージョン率（問い合わせ率）が下がってしまいます。

ウェブ上で商品やサービスを購入する際、必要なのはその商品やサービスそのものの情報であって、その企業がほかにどんなサービスを展開しているか、といったことは二の次です。

コーポレートサイトを兼ねる場合、会社の全サービスを網羅的に掲載する必要があります。そのため、一つの商品やサービスに関する発信力は薄くなって当然です。

❸コーポレートサイトのユーザビリティを高める

サービスサイトを独立させないとコンバージョンがとれないだけでなく、コーポレートサイトの役割も充分に果たせなくなります。コーポレートサイトの役割には、会社のブランディング、株主に向けたメッセージ発信や、求職者向けの採用情報の発信、金融機関や取引先向けの事業概要説明などが含まれます。

そうした目的に応じた導線と提供すべき情報がある中で、特定の商品やサービスへの申し込み導線だけを考えて目立たせると、他の目的のユーザーにとってはわかりにくく、使いにくいサイトになります。就職希望者など別の目的を持って訪問してくれたユーザーは、そうした使いにくいサイトを見て、競合他社と比較して、エントリーを諦めて離脱してしまうかもしれません。

4 デジタルマーケティング予算の考え方

コーポレートサイトとは別に、専用のサービスサイトをつくろうとなった場合、気になるのはそこに投じるデジタルマーケティング予算をどう考え、どの程度の費用でサイトやＬＰを制作・運用するかということです。ウェブ広告も含めて、デジタルマーケティング予算全般の目安をどう設定するかです。

デジタルマーケティングに必要な費用で代表的なものは、人件費を除けば次の４項目です。

①初期のサイト構築費用
②毎月のサイトの維持費
③毎月の広告費
④毎月のサイト更新費

この①～④を合算した投下費用に対して、一定期間でどのくらいのリターンが望めるかが、判断の基準と目安になります。セキュリティ面などを考慮した商用利用を前提に必要な費用を考えると、目標の大きさや業界にもよりますが、次のようになります。

①のサイト構築費用は、概ね100万～300万円です。サイトではなく、単体のLP（1枚ものの販促用ページ）であれば、20万～50万円程度になるでしょう。

②のサイト維持費は月/5000～5万円程度、③の広告費は月/15万～50万円程度、④のサイト更新費は②に含まれることもあるため、0～5万円程度を見ておけばよいでしょう。

これらの費用に対して、どれくらいのリターンが見込めるかを勘案し、費用対効果を見極めていきます。その際、これまで行ってきたアナログマーケティング施策の費用対効果と比較してしまうと、その時点では見劣りしたり、物足りなく感じることがよくあります。これは当然と言えば当然です。なぜなら既存のマーケティング施策というのは、長年かけていちばん良い状態まで洗練された販促だからです。そのような熟成されたアナログ販促の効率と、初めてトライするデジタルマーケティングの効率は違っていて当然です。

そのため、どこかでデジタル化を判断するとしても、効果を見極めるまで、最初にある程度の大きさの予算と、一定の期間が必要です。3～6カ月くらいの期間で、どの程度まで従来のマーケティング施策の成果に迫れるかを一つの判断基準にするとよいかと思います。

新規でサイトをつくった場合、検索順位が上位に上がってくるのに数カ月かかることが多いですし、広告についてもGoogleなどの各種媒体が持つＡＩによる自動入札機能には学習期間が必要です。機械学習の期間は試行回数（表示回数やクリック回数、コンバージョン数が少ないと時間がかかる）によって変わってきますが、少なくとも1回の設定の優劣を判断するのに1～2週間程度の調整期間が必要になります。また、1回の設定ですべてうまくいくことは考えにくいので、安定した結果を出し続けるには熟練の運用者でも2～3カ月の期間が必要となります。デジタルマーケティングの費用対効果を短期で見切るのは難しいですし、あまり意味がないと言えます。

「最初は実験的に」と少額から試したい気持ちはわかりますが、ある程度の期間、ある程度の金額をかけて実験しないと、正確な検証結果が得られません。焦って充分な検証期間を設けないと、参考になりそうなデータや情報が何も得られないという事態に陥りかねないので、注意が必要です。

デジタルマーケティングに投じる初期費用をなるべく減らしたいという方から、よく尋ねられることがあります。

それは「一つの商品・サービスを販売する際に、わざわざ専用のサイトまでつくる必要があるのか、単体のLPで充分ではないのか？」といった質問です。

確かに、無料から低額（1万以下程度）のエントリー商品ならLPでも事足りますが、それ以上の単価の商材、特に競合がいて検索順位を争う必要があるような状況の商材やビジネスであれば、できればきちんとしたサイトを用意したほうが戦いやすくなります。高額商材であればあるほど情報量が必要で、比較検討されてから購入や申し込みがなされるからです。1枚のLPでは、いくら長いスクロールを用意しても掲載できる情報に限界があります。検索エンジンも、1枚のLPよりも複数のページの集合体であるサイトのほうを高く評価します。検索エンジン対策の意味でもサイトは欠かせないものです。

もちろん、競合他社のサイトがそこまで強くなかったり、競合となるサイトが存在しないような場合は、単体のＬＰからテスト的にデジタルマーケティングを始めても問題はありません。
ただし、ウェブの世界の変化は激しく、速いので、うまくいけばいくほど、他社もそのうち同様のマーケティングを仕掛けてくると想定しておきましょう。ＬＰからデジタルマーケティングをスタートした場合でも、費用対効果が望めるのであれば、いずれはサービスサイトへの移行を考えるべきかと思います。

月々の費用が継続してかかるので負担が大きくなりがちなウェブ広告については、競合次第で考えます。競合がいない商材であれば、自然検索での流入で充分なケースも少なくありません。反対に競合が広告費も大量に使っているのであれば、必然的に広告出稿費が多く必要になります。広告出稿費と実際の売上・利益を勘案して、どの程度の販促効率が出せて、その結果、いくらまで広告費がかけられるかといったシミュレーションが必要になります。

場合によっては、競争の激しい広告では張り合わず、別のリード（見込み客）獲得手段を模索して、費用対効果を合わせにかかるといった判断も必要です。

ウェブマーケティングを攻略するための基本

Ⅰ　有効なリード数、サイトへの流入数が決め手

売るべき商品が決まり、予算や目標も決まったら、次はどのようにしてウェブマーケティングを成功させていくのかという具体的な戦術論になります。

成否は、有効なリード数、サイトへの有効な流入数をどれだけ確保できるかで決まります。そのために必要なことを順番に追いかけていくのがウェブマーケティングの基本です。

❶数を追う前に計測環境をまず整える

最初に必要なのが、計測環境を整えることです。これには、Googleアナリティクスや Googleサーチコンソールなどの無料ツールが使えます。Googleアナリティクスを使用している場合、2

023年7月からGA4と呼ばれるGoogleアナリティクスの最新版に切り替えないと見られなくなったり、数値が正確でなくなってしまいます。計測環境を適切にしておかないと、施策に対しての効果検証が正しくできないので注意が必要です。

❷有効なアクセス流入が増えれば、成果も増える

有効な流入数が増えれば、最終申し込みや問い合わせ、ひいては売上が増えるのは感覚的にわかるかと思いますが、「有効な」というところがポイントです。単にアクセス数が増えても、有効なアクセス数が増えなければ目的は達成しません。

インターネットは、さまざまな人が、さまざまな目的で閲覧しています。業界の専門用語を検索しているからといって、それが自社の顧客となる人とは限りません。自社が展開していないエリアからのアクセスや、発注や購買とはまったく関係していない担当者からのアクセスは、購入に繋がりません。学生や求人応募者、資格試験の学習者などのケースも考えられます。そうした非ターゲットのアクセスを集めたところで、結果には繋がりません。結果を得るには、常に「有効な」アクセス数を増やすためには、どうすればよいか考えることが求められます。

特に流入を増やすうえで費用のかかるところに対しては注意が必要です。広告であれば、狙いたい検索語句を登録するだけでなく、必要のないキーワードで検索してきた人を省く除外設定や、媒体情報（性別、年齢、地域、閲覧ページ情報等）なども掛け合わせながら、ターゲティングを細かく設定することで効率的に集めていく必要があります。

また、他媒体にバナー広告を出すのであれば、狙いたいターゲットが集まる媒体を選定して掲載する必要があります。

❸サイト導線を整え、反響効率を上げてから母数を増やす

アクセス数を増やすことは大切ですが、広告等で流入を増やす前に、サイト導線を整えることも必要です。

広告をクリックして訪問してきたユーザーが申し込みできるページまで、何ページも移動しないと辿り着かなかったり、わかりにくい表示や目立たせた申し込みボタンなどで混乱したりしないように、あらかじめデザインや導線を改善しておかないと、せっかくアクセスしても結果に繋がりません。そのため、大量に広告を打つ前に、事前にサイトを分析して、訪問者がこちらの狙い通りに

サイトを閲覧・回遊し、申し込み等を行っているかの流れをチェックする必要があります。

目安としては、広告等を使って呼び込んできた訪問者のうちの1％程度以上の申し込み率（コンバージョン率）が欲しいところです。1％に達せず、直帰率や離脱率が多い場合は、サイト導線から見直していく必要があります。アクセス数が同じでも申し込み率が倍になれば、同じ結果を得るための広告費は半分で済みます。広告だけで効率を改善するより、まずサイトを改善したほうが無駄な費用がかからず、結果が良くなることが多いようです。その意味でも、サイトとウェブ広告を一体で改善・運用しながら反響率を上げる取り組みをしていくことが重要です。

2 初回無料商品と本命商品を用意してLTVを最大化

競争が激しい業界や、検討期間が長い高額な商材の場合には、いきなり本命となる商品やサービスの申し込み、問い合わせを獲得することは困難です。

そうした商材の場合、通販業界で昔からある手法ですが、無料や安価の提案商品を折り込みチラシや雑誌などを通じて販売し、住所や氏名を獲得してから、カタログを定期的に送って継続的に働きかける手法をとります。

ウェブマーケティングでも同様に、まずは無料あるいは低額商品、商品と同等以上の価値ある情報（商品に関する有益な情報を集めた冊子等）などを用意します。この無料のサービスや、低額の初回キャンペーンサービスなどを提供する代わりに、訪問者の連絡先（メールアドレスやフォロワー登録、友だち登録等）を獲得し、見込み客のリストとして使っていきます。

無料サービスを受けたり、資料をダウンロードしたりした訪問者は、自社の商品サービスに興味・関心が高い訪問者のはずです。この見込み客に別途、ダイレクトメッセージや定期的なメールマガジンを送って商品告知をすることで、本命となる商品を買ってもらったり、問い合わせのきっかけにしてもらいます。広告は費用がかかりますが、リストの見込み客にメールを送るのであれば、ほぼ無料です。これによって費用対効果を上げていくことが可能になります。

具体的には、申し込んできたユーザーのメールアドレスやＳＮＳアカウント等を見込み客のリストとして管理し、そこに対してアプローチできるメルマガ配信やＳＮＳ配信の仕組みを整えることが有効です。連絡先とアプローチできる仕組みを使って、継続的に本命となる商品の案内やキャンペーン情報を提供していくことで関係を維持し、ＬＴＶを最大化させていくわけです。

これらはデジタルマーケティングとしてはよくある手法ですが、広告があまり出ていなかったり、競合が少なかったりするBtoB関連の業界であれば、このタイプの販促を行っていない商材もまだまだ存在します。その場合は、今からでもトライする価値があります。

その際に注意したいのは、相手から連絡先情報をもらうためには、無料とはいえ価値ある情報を提供するということです。たとえ無料であっても、価値を感じないものであれば連絡先は教えてもらえず、登録者は増えません。

商材によっても異なりますが、BtoBにおいては有力な見込み客の連絡先であれば、3000～1万円程度は支払っても惜しくないと考える人が多いようです。場合によっては数万円以上の価値になるケースもあります。そう考えれば、訪問者に対しては、それ相応の価値を感じさせる情報(ウェブページとコンテンツ)の提供が必要です。

また、ある程度の問い合わせ数がなければ、効果的なマーケティングの検証も、広告運用の機械学習も進みません。予算が潤沢にあってマーケティング効果の検証に一定の時間をかけられる場合を除き、まずはハードルをできるだけ下げ、見込み客数(リード数)の最大化を意図したマーケティング検証から始めるのが成功への近道です。

いったん見込み客のリストができれば、さまざまなキャンペーンをそのリストに対して展開することができます。しかも、1回限りの広告等とは違い、何度もアプローチすることができます。販促メールなどでのアプローチであれば、ほとんど費用もかかりません。

このリストがあることで、どのような商品やキャンペーンの反響がいいのかも検証することができるので、広告やサイトでの打ち出しの精度も上がりやすくなります。

3　コンテンツリッチなサービスサイトを用意して流入獲得

計測環境を整え、サイト導線を整理し、無料や低額商品サービスを用意したら、いよいよ流入数の拡大を図っていきます。その際に重要なのは、自然検索流入（SEO）とウェブ広告を上手に活用することです。

❶コンテンツリッチなサイトで自然検索流入（SEO）を狙う

Googleなどの検索エンジンで、上位表示させていくための取り組みをSEOと言います。検索エンジンでは、検索されたキーワードに関連するページが上位に表示されます。このとき、ユーザーが見るのは上位表示されたページだけなので、少なくとも1ページ目（約10サイト）に表示されなければほとんど見てもらえません。

狙ったキーワードで上位表示させるにはさまざまなノウハウがありますが、王道は、検索ユーザーにとって有益なコンテンツを掲載したページを用意することです。さらに、関連した大量のページをサイト内に用意すると順位が上がっていきます。

特に、テールワードといって、月間検索ボリュームの大きいワード以外の小さなボリュームのキーワードについてもページを大量に用意して、それぞれを上位表示させていくことでトータルでの流入数を増やしていくことが、地道ですが効果が期待できる方法です。

❷キーワード設定、コンテンツの用意の仕方

サイトを運用してきた実績があれば、Googleサーチコンソールといったツールや広告のレポートで検索語句（クエリ）を分析すると、どんなキーワードで閲覧者が流入してきているか、どのキーワードが実際に申し込みや問い合わせに至ったかなどがわかります。

実際に最も多く問い合わせを獲得したキーワードを最優先にして、次に流入が多いキーワードを中心に注力すべきキーワードを抽出して、それぞれに対応したコンテンツを用意していくことが大切です。

新事業などでサイトをゼロから構築していく際は、検索ボリュームを調べるツール（Googleキーワードプランナー）、そのほかの無料で使えるツール（aramakijake.jp）などでボリュームを調べ、実際に検索エンジンで検索してみてどれくらい競合他社がコンテンツを用意しているかなどから、狙うべきキーワードを見極め、コンテンツを用意していきます。

一つひとつのページとしては、狙うべきキーワードをタイトルや中見出しに入れ、最低でも500文字、できれば1500文字程度のページをつくっていきます。その際、最近話題のChatGPTなどを活用してプロットをつくらせたり、文章の誤字脱字チェックをさせたりすることでコンテンツを量産する事例も増えています。

2023年8月現在の状況では、ChatGPTの文章をそのまま掲載するには情報の正確性に対するリスクや、検索エンジンからのマイナス評価をもらうリスクもあるため、必ず最後は人間が仕上げる必要があります。しかし、コンテンツライティングの補助としては充分使えるレベルにまで達していると思います。

❸3年に一度はサイトの見直しが必要

コンテンツリッチにしていくことは中長期的に効果が高いのですが、併せて考えておきたいのが、サイト全体の定期的なリニューアルです。3年、5年と事業を続けていると、サイト立ち上げ時にはなかった商材の売上比率が大きくなっていたり、目立たせるべき事業が変わったり増えたりします。コンテンツやジャンルが増えてくると、一度に表示する項目が多くなりすぎ、導線が複雑になってユーザーの利便性が落ちてきます。また、チャットボットなどの新たなサイト向けツールが加わるというように、時代や技術の進歩に応じてサイト内を最適化していく必要が出てきます。

構築から5年も経てば端末のモニタの解像度が上がってサイズが合わなくなることもあり、デザイン的にも古臭いイメージになりがちです。競合他社と比べられて、古い会社というイメージを抱かれたり、ブランドイメージの低下を招いてしまう危険性もあります。

目安として3年程度の間隔でリニューアルをしていくのが、サービスサイトとしてはよいのではないかと思います。

4　最新の広告手法で熟練者並みの広告運用を実現

ＳＥＯでの自然検索流入数だけでなく、もっとアクセス数や問い合わせ数を増やしたい場合にはウェブ広告を検討することになります。

ウェブ広告を考える際、Googleの動向を避けて考えることはできません。同社はもともとウェブ検索広告が本業であり、世界最先端のＡＩ、機械学習の機能を研究・開発、そして導入しています。そのため、ウェブ広告事業の周辺にはＡＩを活用したツールやサービス、新商品が次々に導入されています。

中でも最先端で強力なＡＩが導入されているのが、自動入札機能です。広告はかつて、キーワードごとに入札単価や配信するターゲットの条件を設定し、掲載する広告文を一つひとつ作成し設定して、結果を見て再び一つひとつ調整する……と気の遠くなるような入稿作業をすべて人力で行っていました。その作業を今ではＡＩが自動的に行います。入札単価を入札ごとに調整し、配信するターゲットや広告文でさえも最適な組み合わせを学習して、費用対効果が最大になるように最適化していきます。

2023年現在、何らかの形での自動入札機能を使ってウェブ広告を出すことが一般的で、かつてのような手動入札機能で入札するケースは稀《まれ》になりました。自動入札が導入されたばかりの頃は、手動入札のほうが成績が良かった時期もありましたが、数年で差はほとんどなくなり、現状では自動入札を上手に使わないと良い結果が出せなくなっています。そのため、かつて運用業務の中心だった入稿業務や単価設定などについては、自動入札ツールを使うことで、素人でも熟練のウェブ広告運用者以上の結果を出せるようになったのです。

❶コンバージョン情報が最適なら、あとは機械学習でOK

AIの導入により、単純なキーワード単価設定や入稿作業では、競合他社との差がつきにくくなりました。現在では、他社との違いを出していくために、いかに適切な情報をAIに学習させて、より精緻な入札を自動で行ってもらうかという業務になりました。

そのために必要なのは、広告媒体が用意しているツールを使いこなすことだけでなく、ウェブサイトへ埋め込んだタグの正しい設定や、広告をクリックした先のウェブサイトページを分析し、サイト側を改善するといったトータルでのウェブマーケティングの取り組みです。

自動入札が主流になる前は、申し込み情報（コンバージョン情報）を設定せずに、配信数やクリック数だけを追求するような運用をするケースもありました。いまだにそうした方法で運用されているアカウントもありますが、自動入札が主流となった現在では通用しなくなってきています。

❷熟練者並みの運用を実現できるP－MAX

こうした自動入札の進化は速く、ネット広告専業の大手代理店をはじめ、ほぼすべての広告代理店の運用者が自動入札による入札に切り替えています。

さらに自動化はどんどん進化していき、2022年に大きく広まったGoogle社のP－MAXという新しいサービスを使えば、単なる入札戦略だけではなく、検索広告、ディスプレイ広告、動画広告など配信場所や種類の違う広告を、すべて同じキャンペーン内で連動させ、組み合わせの最適解で結果を出すといった機能まで実装されています。

バナーなどのクリエイティブは用意する必要がありますが、あとはほぼAIにお任せで、機械学習を通じて最適な結果に向けて働いてくれます。これによって、熟練運用者との差が出やすかった検索広告以外の広告媒体の利用についても差が生じなくなってきました。媒体の組み合わせによるコンバージョンの数の最大化、コンバージョン単価の低減といったことも可能になってきたのです。

業界によってはまだP－MAXをそこまで使いこなせていない業種・業態もあるので、その場合はP－MAXを導入することで劇的なパフォーマンスが出せるチャンスかもしれません。

新プロダクトが次々に導入されていくので、良い結果を出し続けるための情報収集や検証は欠かせませんが、そこさえ押さえておけば、熟練運用者との差はどんどん縮まる方向に動いています。

❸データを駆使した広告配信で効率を上げる

AIを駆使したら素人でも互角に戦えるかというと、そこまで単純ではありません。P－MAXにはデメリットも存在します。それは、ほとんど全自動でかつレポートも詳細に抽出できないため、どの媒体にいくら使ったのかがブラックボックス化してしまうことです。

手動で設定できる項目は予算やクリエイティブくらいなので、競合が激しい業界では早晩、他社との差が出なくなってしまいます。すべてを任せるのではなく、一部の予算をP－MAXにかけつつも、他のプロダクトと組み合わせて使い、他社との差をつくっていく必要があります。

その際に必要な視点が、データを駆使した配信ができるかということです。訪問ユーザーやコンバージョンに至ったユーザーの詳しいデータを知り、そこからウェブ広告戦略を組み立て、適切なクリエイティブをつくり、適切な媒体からのみ広告を配信するという基本フローはＰ－ＭＡＸにいったん任せます。一方、Ｐ－ＭＡＸのデメリットであるデータが見えない部分や、明らかにコンバージョンがとれる媒体に集中配信するといった策を併用することで、競合他社と差をつけていきます。

Google や Yahoo! が持つデータでもいいのですが、他社との違いを出すにはそれ以外の媒体もよいかもしれません。当社では、Logicad というソニーの子会社が提供している広告媒体を併せて使うことが多いのですが、有益なデータが分析でき、それをベースに配信することができます。ＡＩや媒体ツール等の進化に合わせ、得意な部分は思い切って任せ、弱点だったり差が出たりするポイントを手動で押さえるというのが、求められているウェブ広告のあるべきスタイルだと言えます。

5　ブランディング・指名キーワードを意識する

リードを増やそうとする際に、自然検索からの流入数をSEOで増やしたり、有効な問い合わせを広告経由で増やしたりするのは大切ですが、どちらの場合でも共通して言えることがあります。

それは、会社のブランド名やサービス名を直接検索してもらえる回数を増やすことができれば、問い合わせや申し込みといったコンバージョンアップに繋がりやすいということです。

❶ブランド・指名キーワード数が重要指標である理由

なぜ、ブランド名（指名キーワード）の検索数が重要な指標なのかと言えば、それは有効なユーザーからの問い合わせである可能性が極めて高いからです。

そして、このブランド名（指名キーワード）で検索さえしてくれれば、公式サイトであればほぼ1位で掲載されるので、自然検索で検索エンジンのアルゴリズムの変動で順位が変動しても影響を受けることはありません。さまざまなSEO対策や分析に工数やコストをかけ続けることなく反響を獲得できるのです。

広告でも同様です。指名キーワードで他社が広告を出稿してきたとしても、媒体の広告評価が高く維持できるので、安価に1位表示させることが可能となります。つまり、指名キーワードで検索してくるユーザーは、費用対効果が高い形でコンバージョンを獲得できるのです。

❷指名キーワードの増加をKPIに入れておく

ブランド名（指名キーワード）でユーザーは簡単には検索してくれません。一度サイトに訪問したことのあるユーザーですら、大半はブランド名まで覚えてくれてはいないでしょう。ウェブサイトでも、ウェブ広告の広告文やバナーでもさまざまなところでブランド名をユーザーに見てもらい、名前を覚えてもらうまで露出し、記憶させ、ブランド名で検索してもらうような取り組みが重要になってきます。ブランド名というのは、ウェブマーケティングの結果で伸ばすものではなく、検索数が増えていてもあくまで自然増で……といった認識だと、なかなか伸ばし切ることはできません。明確なKPIとして設定し、コンバージョン数や獲得単価などと共に、追いかけるべき項目として設定し、意識的に伸ばしていきたいところです。

Case 6

デジタルマーケティングに成功した3社の事例

デジタルマーケティングの事例として3つのケースをご紹介します。サービスサイトの場合、だいたい次の3パターンのどれかに当てはまると思うので参考にしてください。

①来店・予約型（BtoC編）　株式会社T・L・C

T・L・C社は、BtoBで賃貸管理会社経由の下請けとして物件のリフォーム工事を主に行っている企業です。サービス力や技術力は高かったものの、一般顧客向けのBtoCビジネスに挑戦していくにあたり、チラシでの集客だけでなく、デジタル広告での集客も始めたいという相談を受けたことがきっかけで当社とのお取引が始まりました。

まずは専用のLPを用意し、1万円のギフトカードプレゼントを用意して来店を促し、広告はP-MAXを使い、指名キーワード対策も行いながら広告を実施していきました。

結果として、広告開始2カ月で次のような成果が出ました。すべて従前のチラシと、新たに行ったウェブ広告の効果比較です。

・単月売上13倍（30万円→400万円）

・反響コスト単価7割減（5万円→1万2000円）

・反響数9倍（月1件→月9件）

デジタル集客は初心者だったとしても、商品やサービスに充分な競争力があったので、正しいデジタルマーケティングを展開することで、リフォーム業界という競合が多い業界でも充分な結果を早期に出すことができました。

②法人営業型（BtoB編）　株式会社キティー

キティー社はフードテクノロジーの研究開発およびヘルス・ケア・フーズの製造販売を行っている会社です。お肉・魚介をやわらかく仕上げる「梅ソフト」「ヴィネッタ」といった商品など、食品添加物や調味料などを製造販売していました。

取引先は、食品メーカーやレストラン等になるのですが、基本的には展示会などでリードを獲得することと併せて、ウェブサイトの検索流入からの反響で集客を行っていました。ウェブ広告による反響獲得も行いたいというご相談を受け、当社のお手伝いが始まりました。

既存サイトからの反響もそこそこあるのでそれはそのままに、広告用にLPを別に用意して、訴求としては商品サンプルプレゼントを用意しました。そして一般企業からの検索を重視するために、モバイルユーザーはターゲットから外してPCに絞って広告を配信し、指名キーワードをなるべく広告で露出するように展開していきました。

その結果、こちらも2カ月で次のような成果が上がりました。
・売上1・7倍（約150万円↓約251万円）
・反響コスト単価　新たに発生（0円↓2000円）
・反響数2・5倍（月20件↓月50件）
広告を使ったので反響コスト単価が新たに発生していますが、反響数が2・5倍になったので結果にはご満足していただけました。このように、BtoBでも、ターゲットがウェブ上で検索行動などを行っているボリュームが多ければ充分に成り立ちます。

また自然検索だけではなく、広告と組み合わせることでブランド認知を高めたり、一度来訪したユーザーに再訪問を促す広告を出すことで、自然検索の倍以上の結果に繋げることができました。

③ネット通販型（EC編）　株式会社一条

本章では「ECやネット専業の企業については解説の対象から外す」と冒頭に述べましたが、参考になりそうな事例を一つだけご紹介させていただきます。

一条社はゴルフウェアの中古販売企業です。競争の激しい業界でウェブサイトのリニューアルを企画し、同時にウェブ広告も見直して、より高い成果を出していきたいというご相談がありました。

そこで、よりスマホでの視認性や操作性を意識したウェブサイトへとリニューアルし、マーケティングオートメーションを活用したメールマーケティングでの売上向上を図りました。広告では、AIのP－MAXやLogicadなども活用した広告を、指名キーワードを意識しながら展開し、売上アップに繋げました。

その結果、6カ月で次のような成果が上がりました。

- 売上3倍（690万円→2100万円）
- 反響コスト単価4割減（1833円→1132円）

・反響数3・5倍（426件↓1496件）

競争が激しいEC業界で、PーMAXなど新しいプロダクトを早い段階で導入し、上手に組み合わせることで大きな結果に繋がった事例です。また指名キーワードを意識することも、競争が激しいEC業界で結果を出している考え方なので、費用対効果を上げていくうえでは必要になってきます。

商談はラストワンマイル(コール)の質が全体効率を何倍にも変える

デジタルラストワンマイルを埋めて確実に成果を出す

ウェブマーケティングに取り組んでいるのに、今一つ成果が出ないという企業の話を聞くと、反響があるものの最終的な受注に繋がらないということがよくあります。これはマーケティング部門と営業部門が一気通貫で機能する連携フローができていないことが原因です。マーケティング部門がウェブサイトからの見込み客（リード）リストを営業に渡しても、営業が活用し切れていないケースが意外に多いのです。

この問題を解決するためには、マーケティングと営業との間を繋ぐインサイドセールス（内勤営業）のスタッフが必要です。ウェブマーケティング活動を通じて獲得したリード（見込み客）のリストに対して、最も良いタイミングで漏れなく遅滞なく架電するのが、インサイドセールスの役割

図表6-1 マーケティングと営業の一気通貫型モデル

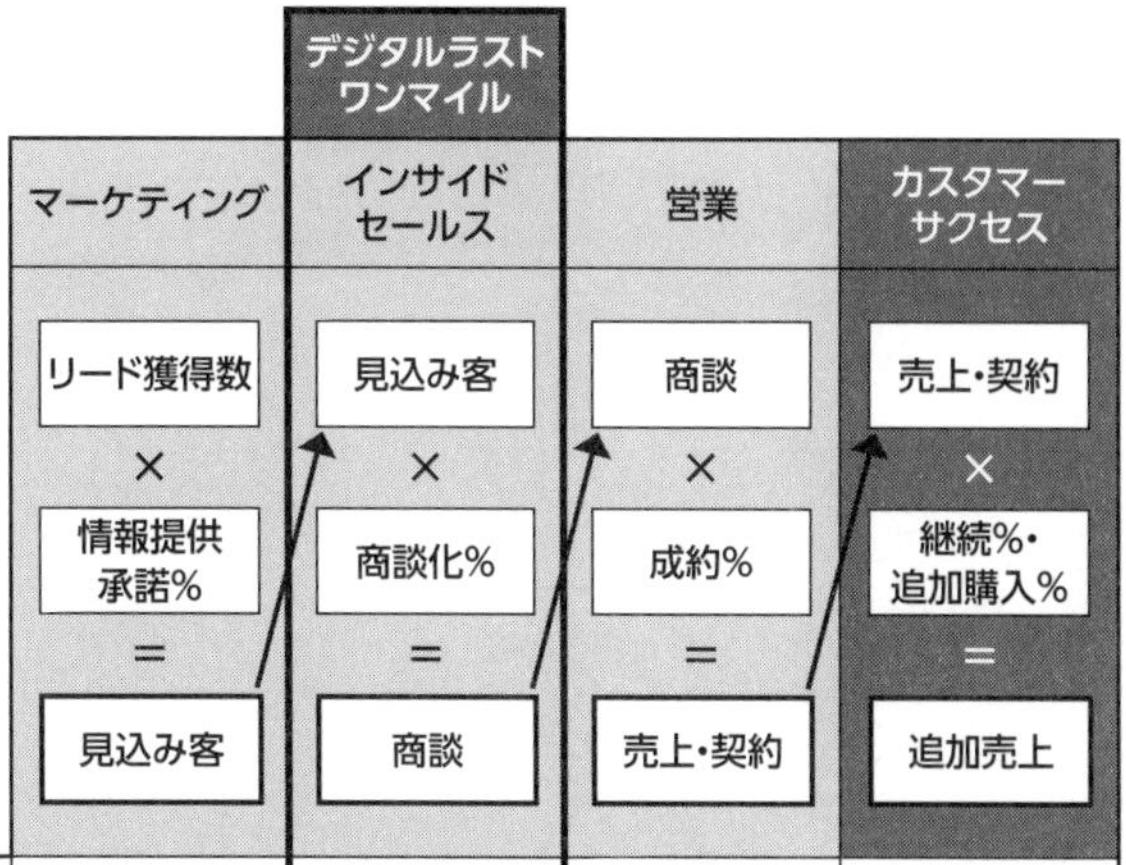

組織・部門	マーケティング	内勤営業	外勤営業	CSチーム
業務内容	広告等の費用対効果を分析。効果的なマーケティング施策を立案実行する	見込み客の要望を確認し、適切な情報提供によって商談に繋げる	インサイドセールス担当からの情報をもとに契約に向けて効果的な営業活動を行う	契約顧客が業績改善するよう支援し、さらなる利用に繋げる
想定される顧客の動き	サービスや会社名を知る。自社の課題を解決できる情報を集める	解決したい自社の課題は何か？予算、時期、要望などを考える	本当に導入すべきか？ 他社製品との比較、社内稟議などを経て意思決定を行う	導入効果最大化に向けて支援、効果測定にて評価の上、拡大可否を判断する
KPI	ウェブ訪問数、PV数、セミナー参加者数、メルマガ読者数、新規顧客獲得コスト	コール数、アポ数、アポ率、リードスコア、商談化率、商談数	営業活動数、成約率、単価、商談日数、商談接点頻度、売上、契約数	継続率、追加購入率、ログイン率、利用レベル、定量効果、顧客接点頻度
運用ルール	マーケティング施策の費用対効果を全社で常に共有＆改善検討	見込み客との対話から顧客の声をマーケティングへ定期的にフィードバック	精緻な売上予測と目標達成行動として商談フェーズ管理の徹底	利用状況や効果の出具合に合わせた支援プログラムの実施徹底
	プロセスが進まなくなった顧客や商談客は、長期客育成プログラムに応じて、定期フォロー（リサイクル）			セミナーでの成功事例として登壇依頼

です。ウェブ経由の反響リストに対して素早く網羅的に電話をかけて、営業担当に代わって商談アポイントを取得。営業担当者のカレンダーに反映することで、商談への移行率が格段に上がります。営業担当者も目の前の商談に集中できるので、成約率も上がっていきます。

そしてさらに意識したいのは、営業が受注・成約して終わりではなく、その先にあるカスタマーサクセスです。顧客満足が高ければ、継続購入や追加購入に繋がるため、さらに追加の売上を立てることができます。せっかく自社の顧客になってくれた方々へのサポートやフォローの体制を整えることで、チャーンレート（解約率）を下げたり、満足度を高めることができます。

とかく営業担当者は目先の新規顧客を追うことに意識が向きがちで、それが重要なKPIにもなっているため、カスタマーサクセスを主たるミッションとするコール部隊を設置することも有効です。こうしたインサイドセールスやカスタマーサクセスの活動を、当社では「ラストワンマイル活動」と呼び、とても重視しています。

インサイドセールスやカスタマーサクセスは、デジタルだけでは完結できない人的対応が必要です。ウェブマーケティングにおいてはしばしば忘れられがちですが、このラストワンマイルがゴールまで届いていないため見込み客を逃している企業がたくさんあります。

たとえば、資料請求後のフォロー、見込み客の要望や課題のヒアリング、見込み客との関係性の構築、定期的な情報提供、成約まで時間のかかる長期客への継続的な様子窺いなど、営業担当者任せではなく会社として組織的かつ網羅的に完結できているか、一度社内で検討してみてはいかがでしょうか？

Case 7 インサイドセールスのBPOでサイト→商談への移行率が10倍に

私たち船井総研デジタルでは、専門のスタッフを育てて、インサイドセールス代行サービス「アポ luck」を提供しています。そもそも「アポ luck」は船井総研グループのセミナー参加者をウェブマーケティングで獲得するために始めました。

自社の事例をご紹介してもよいのですが、ここでは高知県の注文住宅メーカー・株式会社建匠での成功事例をご紹介します。建匠は2010年に設立された注文住宅メーカーで、年商は40億円、社員数はパートを含めて55名で、高知の地場ビルダーとしてはトップグループに属する会社です。

創業当初のマーケティング活動は紙のチラシや雑誌がメインでしたが、徐々にウェブマーケティングに取り組み始め、やがてほとんどの引き合いがウェブマーケティングから発生するようになりました。ただ、ウェブ経由の反響や引き合いは増えたものの、営業担当者がそれに対応し切れず、せっかくの引き合いを商談にまで持ち込むことに苦労していました。まさにゴール手前のラストワンマイルが埋まらずに、足踏みしている状態でした。

その原因は、ウェブマーケティングの反響応対を、営業担当者個人の力量と努力に依存していたことにありました。営業担当者は目の前のお客様の応対が優先なので、資料請求や問い合わせをしてくれた方々に「すぐに電話をかける」「繋がるまでかける」という地道でこまめなアクションを継続することが現実的に難しかったのです。実際、当時の営業担当者による架電アポ獲得率はわずか3％程度でした。また、電話応対の履歴が個々の営業担当者ごとにブラックボックス化していて、架電の記録もほとんど残っておらず引き継ぎもできない状態でした。

そこで同社の西村社長は、自社でインサイドセールス専門チームをつくろうとしましたが、立ち上げの労力やリスクがとても大きいことと、経験や知識が充分でないと判断し、当社の「アポluck」サービスに着目してくださいました。

「アポluck」の導入後、ウェブ経由の引き合いリストからの来店アポ率は月間で30％になりました。それまでは3％だったので、10倍に伸びた計算になります。さらにそこから年間11棟の受注アップに繋がり、売上が3億円増加しましたが、これらの契約を実現するのにかかった当社への外注コスト単価は「わずか月8万円弱」です。一般的には、工務店の契約獲得にかかる販促コスト単価は100万円（集客単価10万円÷契約率10％）と言われているので、商談というゴールまでのラストワンマイル対応を組み込んだウェブマーケティング活動が、いかに効率的かがわかるのではないかと思います。

図表6－2は、実際のリストの数（反響対象件数）と、電話が繋がった数（通電数）と、来店のアポ獲得数とを比較したものです。リストからの来店アポ獲得率は20～40％となっています。

このような成果を上げるためのポイントは次の3つです。

❶通電率向上のためにできるだけ早く架電

私たちは反響対象へ30分以内に初回の架電をしています。また、繋がらなかった場合も、過去の架電データから通電しやすい時間帯をあぶり出して、2回目、3回目の架電を行うことで、通電率60～70％をキープしています。

❷短時間で信頼関係を構築して安心していただくヒアリング

相手の名前を呼んだり、「いいえ」という反応をいただかないように聞き方を工夫したり、お客様の時間を奪わないように短時間で話をまとめるなど、お客様に安心感と信頼感を与えて、商談に

図表6-2 「アポluck」活用による成果

	反響対象件数	通電数	通電率	来店アポ	アポ率
2021年7月	25	17	68.00%	7	28.00%
2021年8月	15	10	66.67%	5	33.33%
2021年9月	18	10	55.56%	7	38.89%
2021年10月	14	9	64.29%	3	21.43%
2021年11月	14	9	64.29%	4	28.57%
2021年12月	15	11	73.33%	6	40.00%
2022年1月	16	10	62.50%	4	25.00%
2022年2月	20	12	60.00%	6	30.00%
2022年3月	11	8	72.73%	3	27.27%
2022年4月	14	9	64.29%	4	28.58%
2022年5月	17	11	64.71%	5	29.41%
2022年6月	13	8	61.54%	4	30.77%
2022年7月	9	6	66.67%	3	33.33%
累計	201	130	64.68%	61	30.35%

厳しいコロナ禍でも来店率3%・来店数6人だったのが、大幅アップを実現

反響来店率30%・来店数61人 ※通電率65%

繋がるように温度感を上げています。

❸トーク・名簿管理・集計を仕組み化

トーク履歴をデータ蓄積することで、ノウハウが溜まってコールの精度が上がっていきます。架電履歴や通電率、アポ率などの結果データの分析をもとにトークを改善・ブラッシュアップすることで、コールの精度を高めることができます。

デジタルマーケティングは「専任化」と「PDCAの高速回転」が肝

ここまでご説明したように、ウェブマーケティングはテクノロジーが日々進化し続けているので、常に最新の情報をキャッチアップしていくことが必要です。日々、現場で営業や実務を行っているメンバーが片手間でこれを行うには限界があります。

また、インサイドセールスやカスタマーサクセスについても、最適なタイミングで網羅的に電話をかけるための時間確保とノウハウ蓄積が必要です。これも現場実務をこなしながら片手間でやろうとしても、十中八九うまくいきません。実行速度や網羅性が担保されず、応対履歴もブラックボックス化してしまい、ノウハウや知見も一向に蓄積されません。

やはりそれぞれ専任チームを組織して、専用のＫＰＩを設定することがポイントです。メンバーは必ずしもウェブマーケティングやインサイドセールスの経験者である必要はありません。足りない経験やノウハウは、外部からインストールすればよいからです。大事なのは、現場実務の経験者で、その専任チーム固有のミッションやＫＰＩに「真剣にコミットしてくれる人」を置くことです。

あるいは、人材不足で現場からそういう専任者をどうしても選出できない場合は、ウェブマーケティングやインサイドセールスの専任チームを「社外に置く」という選択肢もあります。いわゆるＢＰＯです。実際に、そのほうがコストもリスクも抑えられるケースが多いようです。

というのも、専任チームを社内に置くとなると、人的投資だけではなく専用のインフラやシステムなどへの投資や維持コストが必要になるからです。専任チームを外部に委託し、体制・インフラ・ノウハウなどをすでに持っている外部の専任チームとＫＰＩを共有してＰＤＣＡを回していくことで、より早く結果を出すことができます。

「内部専任者の育成」と「外部の活用」というバランスを最適化することで、最短で最大の効果を出すことが可能になります。

商談化後は「最適な商談フロー」をＳＦＡ上に設定して進捗管理

特に高額品を扱う小売業やBtoBビジネスの場合、リード（見込み客）を獲得してから成約に至るまでのステージ（段階）が長くなります。業種や業態によってまちまちになると思いますが、①面談→②提案→③見積もり→④契約、というステージは少なくとも経由することになります。こうした一連の営業活動を可視化し、効率化するためのデジタルツールがSFA（セールス・フォース・オートメーション）です。

SFAに一連の営業活動で辿るべきステージを設定し、見込み案件や顧客とのステイタスを登録していきます。これによって営業活動の標準化と可視化が実現するだけでなく、どの段階で顧客が離脱しやすいか、どの営業担当者の成約率が高いかなどの分析が可能になるので、営業担当者の教育や評価がしやすくなるだけでなく、より効果的な営業戦略が組み立てられるようになります。さらに、それをSFAの項目設定やレポート機能に反映することで、自社にとっての最適な営業シナリオを再現性高く浸透させることができます。

トップ営業担当者が無意識にやっているベストプラクティスを要素分解して見える化し、それを普通の営業担当でも自然にできるようにする、といったことをSFAツールで実現します。

ちなみに当社ではコストと使い勝手の観点からZohoというSFAツールを導入し、すべての見込み案件管理と営業活動のＰＤＣＡ運用を行っています。導入に際しては、営業に携わるすべての社員に使い方を習得してもらう必要がありました。「苦手な人は別に使わなくてもいい」ということになっては、意味がないからです。実は、ＳＦＡを導入したが効果がうまく出ていないという会社の多くに、そういった現象が見られます。

そこで、Zoho の使い方や活用方法を学習するためのｅラーニングのカリキュラムを自分たちで製作し、関連部署の全社員に受講してもらうことにしました。こうした取り組みによって、営業活動に携わる社員は全員、導入直後から使いこなせる状態になっています。

そして、このカリキュラム受講後のＳＦＡ活用が飛躍的に進んだことを受けて、これをデジタル・イネーブラー・トレーニング（Digital Enabler Training）と題して、社外にも一般開放して一部無料で受講できるようにしました。後に、Zoho 社の認定を正式に受けることにもなり、国内唯一の Zoho 認定講座になっています。

〈学習内容〉

無料講座で学習できる内容と主な受講対象者は、次の通りです。

・デジタルマーケティングの基本と概要
・Zohoを活用したデジタルマーケティングで実現できること
・Zohoで実現するMA（マーケティング・オートメーション）・SFA・CRMの成功事例および各機能
・Zoho CRM Plusの操作画面説明（基本編）

〈受講対象者〉
・営業事務・営業補助の担当者
・マーケティング担当者・営業担当者
・情報システム部門など、SaaSの導入検討者
・Zohoに関心のあるITコンサルタントやエンジニア
・その他Zohoでできることを知りたい方

ご興味がある方は、https://www.fsdg.jp/zoho/のサイトをご覧ください。さらに詳しい情報や、受講方法が記載されています。「Zoho認定トレーニング」で検索すると表示されます。

戦略7

経営管理

「数字に基づいた素早い判断」

自動車の運転に計器類が必要なように、経営にもデータが必要

昔、経営はＫＫＤ（経験・勘・度胸）と強運が大事だと言われていた時代がありました。これは「過去の経験に基づく判断から意思決定を行うが、１００％の確信は得られないのだから最後は胆力がものをいう」という意味だと思います。昭和の名経営者と呼ばれたような人たちには、確かにＫＫＤ（経験・勘・度胸）や強運が人並外れて強い方も多かったのかもしれません。

現在ではＫＫＤではなくＤＤＭが重視されるようになっています。ＤＤＭとは「Data informed Decision Making（データに基づく意思決定）」の頭文字です。何らかの意思決定が成功を生んだとしたら、そこには必ず理由があります。その理由をなんとかして見つけようと試みるのがＤＤＭです。

ちょっと話は変わりますが、現在、プロスポーツの世界はデータ全盛期です。全国・全世界から選ばれたスポーツエリートが秒単位で優劣を競う世界なので、使えるものはなんでも使うのです。

たとえば２００３年にデンマークのＴＲＡＣＫＭＡＮ社がゴルフ用に開発した弾道計測器「トラ

ックマン」がプロ野球に転用されて、自分が打った打球の「速度」「角度」「飛距離」が計測できるようになりました。野球に詳しい方ならご存じかもしれませんが、特定の「速度」「角度」の範囲内だと、「飛距離が最大化」されることが、野球史上初めて発見され、一大ブームになりました（「バレルゾーン」と言います）。

このように、データというものは成功の再現性や確度を高めるためには欠かせないものです。とはいえ、なんでもかんでもデータの指示通りに動くというわけではありません。データはそれだけでは意味がないもので、人間の感覚と組み合わせることで有効に働きます。DDMでデータを頼っても、KKDの感覚を捨てるわけではなく、これまでKKDと言っていた感覚の裏付けをデータで行うようになったものとご理解ください。

いわば、データを使って自分の感覚と実際の成果を一致させるのです。

成功したときの最後の行動を繰り返すことが、成功の秘訣だとよく言われています。ですから、DDMによる経営は、これまでの成功体験を再現性があるものに変えるので、後継者の育成にも役立ちます。長く良いパフォーマンスを継続していくためにも、どんどんデータを活用しましょう。

デジタルツール多用時代の「情報・データの散在と時間ロス」

ではどうやってデータを経営に活用するのかと言えば、ＢＩと呼ばれるツールを用います。ＢＩというのは、難しく言えば「常時可視化された、経営に必要な定量情報」のことです。

たとえば、「売上と利益が見られるようになるまで、結構時間かかっているな」「営業会議のメモがなく、先月からの進捗がわからない」「先月と数値が変わったと思ったら、集計が間違っていた」というような感覚を持ったことはないでしょうか？

これらの問題は、それぞれのデータが常に見られるようになっていれば解決します。

そもそも、今月の売上などの経営者が特に見ておきたい経営情報というのは、どの会社でもたいていホワイトボードなどに書いてあります。ところが、ある部署はこまめにアップデートしているのに、ある部署は1週間前のままなど、そんな状態のホワイトボードがよくあります。

つまり、データはあっても常に使える情報にはなっていないのです。

もちろん、経営情報のデジタル化のレベルも会社によってさまざまです。SaaSツールを導入していて、いつでもクラウドで見られるという企業もあるかと思いますが、ではそれでなんの問題もないかと言えば、そんなことはなく、SaaSツールの種類が増えれば増えるほど、欲しい情報がどこにあるのかわからなくなったりするのです。それぞれの部署で異なるツールを使っているので、欲しい情報を探すまでの手間が馬鹿にならないのです。

メールを見た後に別のチャットツールをチェックして、次にSFAツールを立ち上げて……とやっているうちに、大切なことをうっかり見逃してしまって、複数のシステムを使いこなすのが実にたいへんになってきています。さらに、生のデータではなく抽出や分析を加えたものが今すぐ見たいとなると、担当スタッフに頼まなければならず、結局、数日間待つことになります。その担当スタッフのほうも、自分の業務を止めなければならず、時間のロスがあちこちで生じることになります。

また、何かのデータを見たら見たで、他のデータも気になってきて、またそれも見たいからと担当スタッフに頼んで……と、まるで経営者が仕事の邪魔をしているかのようになってしまいます。

経営者側はすぐに情報が欲しいのに時間がかかって判断が遅れるし、現場側は突発的に生じる依頼によって日常業務が止まってしまいます。

つまり、たとえデータがSaaSツールなどでクラウド化されていても、結局、次のような3つの問題が解決されていないのです。

①専用SaaSツールが多すぎてあちこちに入力・照会しないといけない
②欲しい情報ごとに異なる人・部署に頼まないといけない
③複雑なデータ抽出や分析は一部の詳しい人にしかできない

これらの問題を解決するのが、BIダッシュボードです。

BIで重要指標をリアルタイムに可視化すると経営判断の感度が上がる

口では勘と度胸と言っている経営者であっても、やはり数字を見ないと正しい意思決定はできません。売上高に対する粗利率とか営業利益率、客単価、客数、その手前の成約率、小売業なら在庫回転率というように、その業界・企業ごとにマークしている数字や指標が必ずあります。

しかし、それが常に見られる状態になっているかどうかは別です。必要なデータがあちこちのシステムやデータベースに散在していると、「こういう指標が知りたい」となったときに、数字のありかから探らなければならなくなります。データがデジタル化されていないままだったりすると、伝票、試算表、総勘定元帳等から拾うことになりますが、そんなことをしていたら迅速な意思決定ができません。ですから、特にマークすべき経営指標の必要なデータはあらかじめ特定の場所に集約し、いつもで集計・分析できるようにしておく必要があります。

たとえば当社でも、「売上高が急激に伸びているのに営業利益率が急激に下がっている」といった月がありました。すぐさま原因を特定しようとして、複数の部署に原価と経費の詳細な推移データを提出するように財務担当者経由で打診したのですが、私の手元にすべてのデータが集まったのは実に5営業日後でした。結局その原因は、お客様からエンジニアの大量増員を突発的に要請された際に社員エンジニアをすぐにアサインできなかったため、一時的に外部のエンジニアに大量に外注していたことが原因でした。ただ、その原因がわかった頃には、すでに翌月分の外注先との契約更新がされてしまった直後だったので、時すでに遅しでした。

そこで、直ちに外注比率、内製化率、エンジニアの稼働率を常時可視化して管理することにしましたが、こうした重要指標の可視化を日頃からきちんとしていれば、あのような事態は避けられたと思います。

このように、会社や事業の規模がある程度大きくなると、経営者はデータを通して事実を客観的に見ないことには、現場で何が起きているのかすら把握できないのです。

ところがたいていの場合、データはリアルタイムで見られるようになっていません。月末に締めてから2週間後に月次決算が出て、そこから指標の分析を始めるとデータが揃うまでに1カ月くらいは簡単に経ってしまいます。そうなると、会社がどこかに怪我をして出血していても手を打つのが1カ月後になり、その間は血が流れ続けることになります。

先ほどの当社の失敗例でも、もちろん挽回策を指示すればたちまち外注化率は下がりますし、データを可視化するとみんなが意識するため、再発を防ぐこともできます。経営者だけでなく、現場もまた、データを見なければ会社全体で何が起きているのかを把握できないのです。

車を運転する際にダッシュボードが欠かせないように、経営でもBIダッシュボードをつくり、さまざまな指標がいつでもリアルタイムで見られるようにしておくことが重要です。

その会社やビジネスによって主要なKPIや常時ウォッチすべき指標は異なりますから、それが何かをクリアにして、できるだけリアルタイムに多くの関係者が見られるようにしておくだけで、経営の舵《かじ》取りはずいぶんと楽になります。

一方、このＢＩダッシュボードというのは「あれば便利」という程度に捉えられがちで、結局どこかのツールにデータが入っているから、わざわざダッシュボードに整理しなくてもよいという意見もあります。しかし、「調べればわかる」というのは「すぐにはわからない」というのと同義です。

社員に都度「あのデータ調べて」と指示すれば調べてはくれるけれども、それは通常業務を邪魔することになるので嫌がられますし、一度調べただけでは一過性に終わってしまい、常にみんなが意識する数字にはなりません。調べればわかるというのと、常に意識できる状態になっているのとでは、大きく異なります。ＢＩダッシュボードは経営者のためだけのものではなく、それぞれの現場が自分たちの成績や数字を上げていくためにも必要なものなのです。

BIダッシュボードをセルフ構築できるようにするには？

当社では「経営データみえる化くん」という独自のBIダッシュボードを構築しています。文字通り、経営に必要なデータを常時見える化するためのBIダッシュボードです。

ただし、それを構築して活用するためにはいくつかのステップが必要です。感覚をデータで裏付けて、それを経営に活用していくには、いくつかのステージを乗り越えていく必要があるのです。

まず、スタートラインを「感覚だけに頼り切った経営」としましょう。これは、そもそも「データを見ていない」とか「なんとなく業績が上がっている感覚だけをもとに施策の判断を行う」ような状態です。さすがにまったくデータを見ない経営者はいないと思うので、ここから担当者がまとめてくれた数字を見るステージ1へと移ります。

ステージ1は「誰かが人力集計したデータを見ている」状態です。ただし、「このデータが見たい」と細かに指示を出すわけではないので「依頼したデータが思っていたものと異なる」ことがあるなど、データを完全に生かしきれてはいません。

図表7-1　経営ダッシュボード活用の6つのステージ

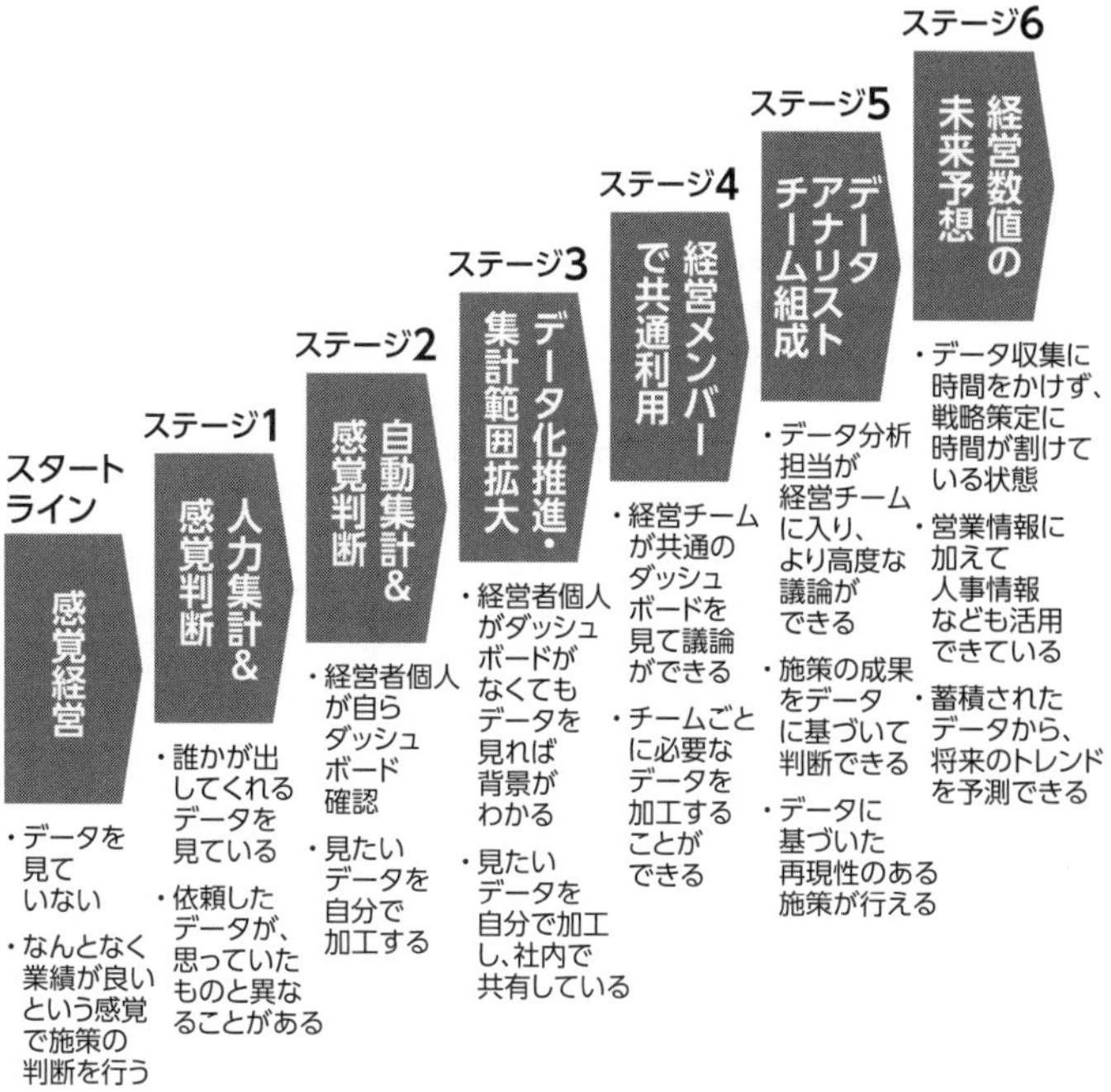
スタートライン
感覚経営
・データを見ていない
・なんとなく業績が良いという感覚で施策の判断を行う
ステージ1
人力集計&感覚判断
・誰かが出してくれるデータを見ている
・依頼したデータが、思っていたものと異なることがある
ステージ2
自動集計&感覚判断
・経営者個人が自らダッシュボード確認
・見たいデータを自分で加工する
ステージ3
データ化推進・集計範囲拡大
・経営者個人がダッシュボードがなくてもデータを見れば背景がわかる
・見たいデータを自分で加工し、社内で共有している
ステージ4
経営メンバーで共通利用
・経営チームが共通のダッシュボードを見て議論ができる
・チームごとに必要なデータを加工することができる
ステージ5
データアナリストチーム組成
・データ分析担当が経営チームに入り、より高度な議論ができる
・施策の成果をデータに基づいて判断できる
・データに基づいた再現性のある施策が行える
ステージ6
経営数値の未来予想
・データ収集に時間をかけず、戦略策定に時間が割けている状態
・営業情報に加えて人事情報なども活用できている
・蓄積されたデータから、将来のトレンドを予測できる

次のステージ2は、BIダッシュボードが構築できた状態です。ダッシュボードがあれば「経営者が自らデータを確認」することができます。また、「見たいデータを自分で加工して作成する」こともできるようになります。ステージ2のダッシュボードの構築までが最初の目標です。

そのためには次の4つのステップが必要です。ステップ1は「プロジェクトの体制づくり」です。プロジェクトを成功させ

図表7-2　経営ダッシュボード構築までの4ステップ

ステップ1	ステップ2	ステップ3	ステップ4
プロジェクト体制づくり	見たい数字のリストアップ	見える化データベースづくり	ダッシュボード構築
・スタート体制を構築 ・必要なスキルに合う人を選出	・会議資料の洗い出し ・必要な数値を整理 ・分析の切り口を整理	・データベース化の準備 ・データモデルの設計 ・インポートデータ加工	・画面とダッシュボードの設計 ・実施・確認 ・フィードバックの収集 ・不足データの追加 ・修正・最適化

るためには適切な人材を集めることが最も大切です。ですから、ＢＩダッシュボードをいちばん必要としている経営者は必ずプロジェクトに入っておくべきです。そのほか、日頃から各部署の数値を見て管理している方、そして「このような数字が見たい」と指示を受けて作成している方も必要です。

実際に進めていく中で、経営者が見たい数値と、管理職が見たい数値には、それぞれの立場で視点が異なるので必ずズレが生じます。コミュニケーションを通じて、しっかり認識をすり合わせていくことが大切です。

プロジェクトを成功に導くうえで要になるのがプロジェクトリーダーの適性です。プロジェクトリーダーは、システムをつくるエンジニアと、そのシステムを使う経営陣との橋渡し役になるので、両方とコミュニケーションをとれる人をあてる必要があります。

ステップ2は「見たい数字のリストアップ」です。BIダッシュボードといっても、それぞれのデータをつくるにはそれなりの手間がかかるので、優先順位の高いものから順にデータ化していく必要があります。まず着手すべきなのは、会議資料の洗い出しです。経営陣での会議とか、各事業部とのミーティングなど、そこで議題になる数字というのが経営に必要なデータと考えて間違いはないと思います。特に会議資料というのはたくさんの人が見てアップデートしているものですから、必要なデータがたいてい揃っているはずです。

それから、分析の切り口を整理することも必要です。この切り口というのは「月次で見たい」「四半期単位で見たい」「事業部単位で見たい」「課単位で見たい」というように、求められている切り口を確認することが非常に重要です。

ステップ3は「見える化のためのデータベースづくり」です。たとえば、予算実績管理のデータを見たいということであれば、その会議資料をベースに残業時間、業務工数といったデータを集めることになります。それらをデータベース化していくのですが、これは各システムに格納されているデータを1カ所にまとめていく作業になります。多くの場合、たとえ各システムにデータがあっ

図表7-3　船井総研デジタルの「経営データみえる化くん」

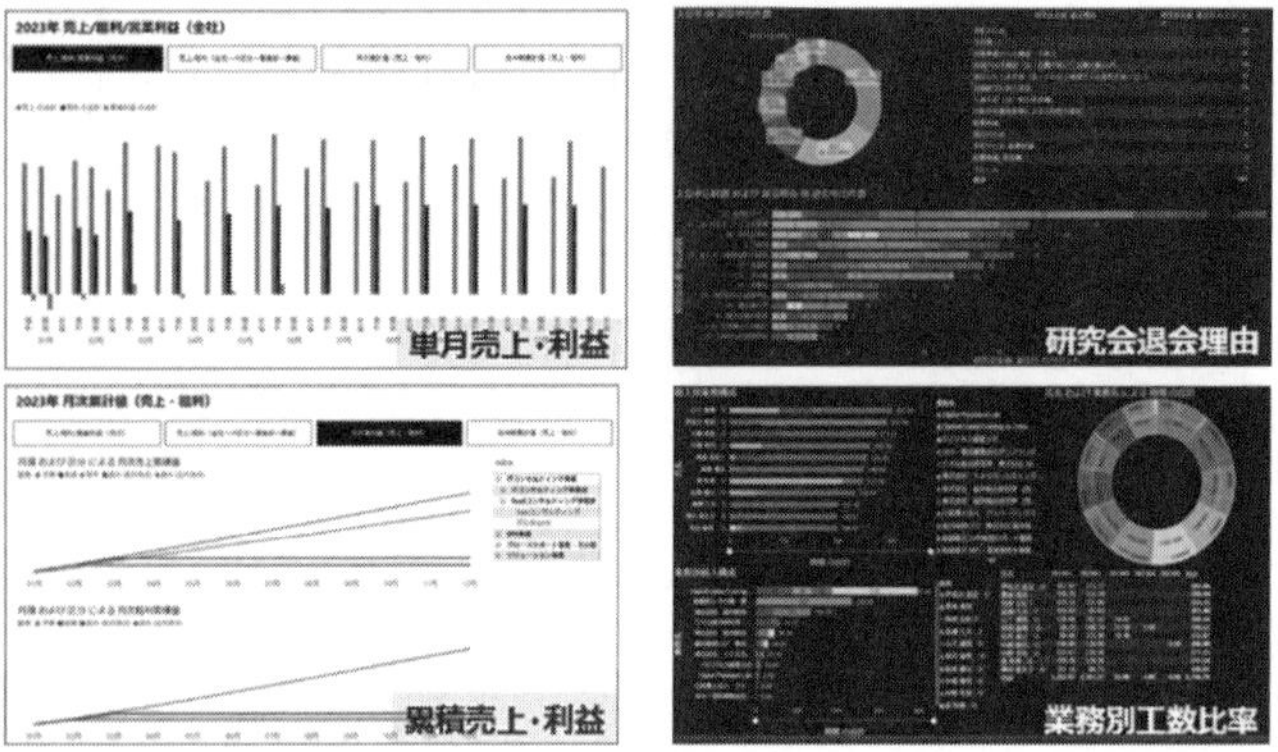

たとしても、データの形式が異なることがしばしばで、その場合はデータの形式を整える作業が必要になります。

最後のステップ4で「ダッシュボードの構築」を行います。図7ー3は、当社で作成した「経営データみえる化くん」です。

左上が、売上の予実です。単月単位で売上が予算達成しているかどうかを見ることができます。利益に関しても、予実を単月単位で確認することができます。

左下が、売上と利益の累積を表しています。月単位ではなく、3月時点の累計で予算に対して実績がどれだけあるかを確認することができます。これらのデータによって、必要な施策を判断できるため、迅速な対応が可能になります。

右上は、当社の研究会という経営者のための定例勉強会の退会理由をグラフ化したものです。研究会の会員様というのは当社にとっての特に大事なパートナーなので、この図は退会した方がいつ入会したのか、その入会経路がメルマガからなのか、DMからなのか、紹介からなのかが一覧できるものとなっています。退会される方がどのような属性なのかを分析することで、次から退会を防ぐことができるかもしれません。

右下は業務別工数比率です。一日の業務の中で、誰がどの業務にどの程度の時間をかけているかを見ることができ、業務別の属人化率などがわかります。また、残業時間を見れば、誰にどの程度負担がかかっているかもわかるので、業務のブラックボックス化を防ぐために日々確認しています。

「経営データみえる化くん」導入前後の変化と導入のポイント

「経営データみえる化くん」導入前は、経営状況把握は月次で行っていました。

会議のたびに数値を収集して資料を作成し、その資料も見たい内容ごとにエクセルで作成していたので手間がかかりました。しかも、急な状況の変化が起きた場合に、対応に追われることもしばしばでした。資料作成時点での経営状況をもとに次月の施策を決めていたので、どうしてもリアルタイムの対応ができていなかったのです。

一方、「経営データみえる化くん」導入後は、ほぼリアルタイムでＢＩダッシュボードにデータが更新されるため、経営状況の把握が週次または日次でできるようになりました。会議資料もＢＩダッシュボードのみの閲覧で済むようになり、またＢＩダッシュボード上で操作すれば見たい切り口での数値表示が自由にできるようになりました。

リアルタイムで経営状況が見えるようになったために、事前に利益がほぼ正確に予測できるようになり、適時的確に対処が行えます。データに基づく経営判断がいつでも可能になったのです。

このようにいいことずくめのようにも見えますが、導入の失敗がないというわけではありません。

ＢＩダッシュボードの導入でよくある失敗は、プロジェクトが現場主導で進んでしまい、肝心の経営陣がプロジェクトに入っていないというものです。経営に責任を負う人物が関与していないと、早晩、経営陣がせっかくのダッシュボードを見なくなってしまったり、載せるべき指標や数値

図表7-4　KPIロジックツリーを使った指標の因数分解

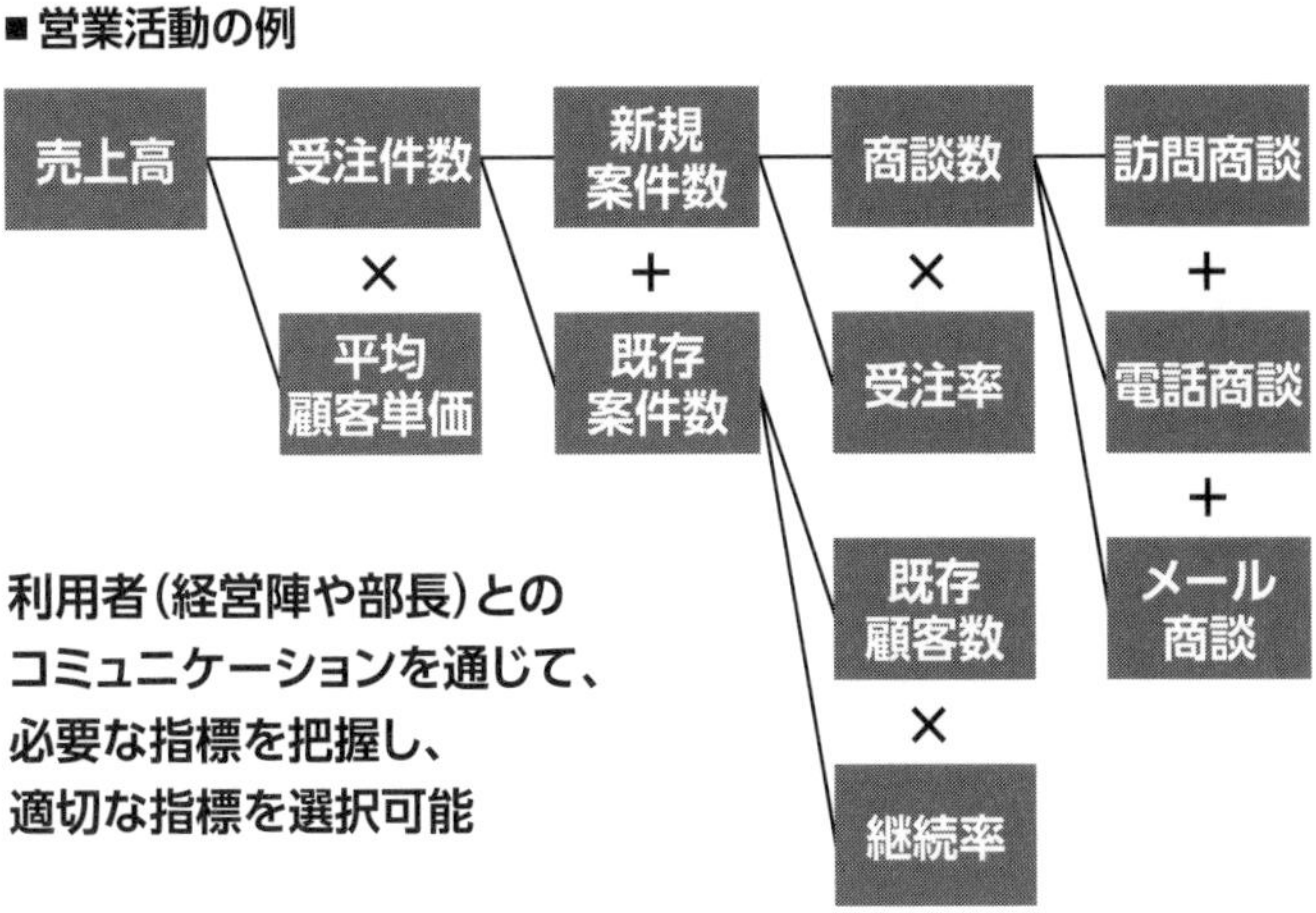

が抜けてしまうなどのエラーが起こりやすくなります。ＢＩダッシュボード構築時には、必ず経営陣と関連部署の責任者をプロジェクトに加え、全社的な取り組みにすることをお勧めします。

次によくある失敗は、見たいデータが決まっていないのにプロジェクトを「とりあえず進めてしまう」というパターンです。売上と利益はどの会社でも必ず見る指標ですが、それ以外にどのようなデータが必要なのかが曖昧なままにプロジェクトを進めてしまうと、せっかく作成してもあまり使われないものになってしまいます。

たとえば営業活動であれば、売上高を構成する要素をドリルダウン的に因数分解していくと、図表7－4のようなKPIが洗い出されます。この中から特に経営の各階層の責任者がマークすべきKPIを特定していく必要があるので、ダッシュボードの利用者となる経営陣や幹部社員の意見やニーズをしっかりと伝えておく必要があります。

次によくある失敗は、「役員によって見たいデータが異なる」ことです。各業務が部分的にデジタル化されていても、たいていは複数の異なるツールごとにデータが保存されています。そうなると各ツールで断片的にしか状況が見えません。そこでBIダッシュボードが必要となるのですが、構築の際に「どのデータをダッシュボードに統合して可視化したいのか」をしっかりと共有しないと齟齬《そご》が生じてしまいます。

さらに、せっかく導入しても経営陣や幹部社員がBIダッシュボードの使い方をマスターしないために、結局、使われなくなってしまうという失敗もあります。特に経営陣は新しいツールを敬遠しがちなので、自覚と注意が必要です。慣れてしまえば圧倒的に便利なので、ダッシュボードの利用方法を研修やワークショップにきちんと参加してマスターしましょう。

最後の失敗は、「経営幹部が見える化したデータを見なくなる」ことです。BIダッシュボードをつくったのはいいものの、会議のたびにまた新しいエクセル資料が復活していて、ダッシュボードが使われていないということがよく起こります。その原因は「ダッシュボードの利用目的が漠然としている」ことと「経営陣がダッシュボードを見る習慣がない」ことです。

解決のポイントは、ＢＩダッシュボードの目的を明確にすることです。プロジェクトの最初から、ダッシュボードを作成する目的や必要性を共有し、経営陣の要望を反映した設計にします。作成後は、活用方法の見直しや意義の共有を定期的に行うことで、全社員の利用を促進していきます。つくったら終わりではなく、使いこなせるところまで突き詰めるのです。お勧めしたい使い方は、ＢＩダッシュボードを会議資料にするというものです。会議の場でエクセル資料やパワーポイント資料を開くのを禁止して、必要な資料はＢＩダッシュボードで必ず表示することにして、実際に操作しながら慣れていくことが大切です。

Case 8

重要営業指標をBーダッシュボードで可視化

Bーダッシュボードは売上や予実などを見るものと思われがちですが、業界や企業によっては、もっとニッチな指標を可視化して活用しています。

倉敷にある株式会社YKGホールディングスの主力事業は、賃貸をメインとする不動産仲介事業です。賃貸仲介業というのは、不動産オーナーが賃貸に出した物件と、部屋を借りたいお客様とを結びつけるのが仕事です。

不動産仲介事業者にとって利益貢献度の高い物件とは、家賃が高くてもすぐにお客様が付いて契約に至る物件です。会社としてはそのような物件の取り扱いを増やして、利益率を高めていきたいところですが、ライバル会社よりも早く利益貢献度の高い物件をお客様にお勧めすることを意識している営業担当者はごく少数でした。

そこで同社の澤井常務は、粗利率の高い物件がどれだけ自社の商圏エリア内に供給されていて、その何パーセントを自社がお客様に仲介できているかを指標化して、営業担当者のKPIとして設定したいと考えました。

理論的にはそうしたデータを取得して指標化することは可能なのですが、人力では非常に手間がかかります。当初は、年に数回、澤井常務が自らデータを抽出して、手計算で指標を作成していましたが、BIダッシュボードを導入して自動で常時可視化することを企画したのです。

まず、基幹業務システムから日々抽出したデータと、営業日報から抽出した成約データを一つのデータ分析プラットフォームに集約し、それらを掛け合わせて指標を作成しました。その結果、各営業担当者が利益貢献度の高い物件をどれだけ案内しているか、そしてどれだけ契約をとっているか、その総合計が商圏内に供給されている対象物件の何パーセントになるか、というかなり詳しい指標が常時可視化できるようになりました。

このようなデータは、売上や利益を頂点とする会社全体のKPIのロジックツリーの中ではかなり下流になるので、通常は会社内では可視化されていません。しかし、そこに目を付けて現場の営業担当者が意識するKPIとすることで、地道ですが確実に業績の改善が期待できます。

構築にかかった期間は、プロジェクトの構想が1カ月、技術的な課題解決が1カ月の合計2カ月でした。当社の担当者も一緒に手を動かして構築をお手伝いさせていただきました。

ここでは最終的な結果からお伝えしているので、すんなりと決定したように見えますが、プロジェクトの初期においては、経営陣がどのような目的でどのようなデータを欲しているか、明確に言語化されていません。そこでヒアリングを繰り返して、どういう意図でこの数字を見たいのか、それが見られたらどうしたいのか、一つひとつクリアにしていきました。

Bーダッシュボード導入後は、現場の営業担当者が利益貢献度の高い物件で成約することを意識するようになって、業績が大きく改善したと聞いています。

戦略8

アナログ文系社員――「デジタル人材化する」

会社をデジタルリメイクしようというときに問題となるのは、これまでアナログな環境に慣れてきた社員に、いかにデジタルに転換してもらうかです。「そんなこと無理じゃないか」という声も聞こえてきます。

デジタル技術を活用してビジネスモデルや業態そのものを転換するうえで最も要《かなめ》となるのは、それを実行する人材です。確かに、その起点となるのはデジタルリテラシーの高い人材であることには相違ないのですが、そうしたごく一握りのデジタル人材だけで会社全体のＤＸやデジタルリメイクを実現するのは極めて困難です。

そうはいっても、これまでデジタルに触れてこなかったアナログ社員に、プログラミングやソースコードをゼロから習得してもらうことも現実的ではありません。

しかし、現在はソースコードをまったく書かなくても（ノーコード）、あるいは少し書くだけで（ローコード）、かなりのことが実現できるようになっています。また、さまざまなアプリケーションが進化し、安価なSaaSとして市場に出回っているので、それらを使いこなせるようにさえなれば、普通の人でもデジタル人材に転換することが可能です。60代の人でもスマホを持ち歩いて、ＬＩＮＥでメッセージをやりとりするのが今では当たり前ですし、コンビニの支払いもスマホでする高齢者も増えてきました。

そう考えれば、すべての社員をデジタルリメイクすることも決して不可能なことではありません。会社組織の大多数を占めるアナログ社員の多くをデジタル武装化できれば、生産性や利益率もさることながら、会社の成長スピードも大きく向上します。

社員の「変革への抵抗」がDXの最大の壁

経営者が「さあ、これから全員でデジタルスキルを上げよう！　そしてデジタル化をもっと推進しよう！」と上から号令をかけただけでは、社員は動いてくれません。トップダウンだけでは本質的なデジタルリメイクは進まないのです。多くの社員は「社長がなんかまた言い出した。今のペースと仕事内容はできるだけ変えたくないから適当に返事しておこう」と、心の中では思っています。社員自身が「もっと生産性を上げたい」「そのためにはデジタル化は必須」などと本気で考えるようになって初めて、デジタルリメイクが自走し始めます。

結局、業務の各所で戦術を考え、その実行を担うのは現場の社員です。変化が速いＩＴやデジタルを活用するシーンではなおさらのことです。経営者が事細かにツールを指定したり、活用の指示を出せば出すほど、社員の自主性と思考力を奪ってしまいます。

では、どのようにして社員の本気を覚醒させられるのでしょうか。

一つの方法が、業務の可視化と生産性の数値化であることは、戦略４で紹介しました。そしてもう一つの方法は、その必要性や社員にとってのメリットを、繰り返し伝えることに尽きます。

会社の全体会議や朝礼というのは、情報伝達や共有の場だと考えられがちですが、実はその本質は、教育や意識付けの場です。経営陣がきちんと準備して本気で伝えることで、社員の意識を徐々に変えていくことができます。

私たちの場合は、機会があるごとに、次のようなメッセージを表現や切り口を変えながら伝え続けました。そのためのプレゼン資料も毎回、入念につくり込みました。

「従来のＢＰＯ事業だけでは将来先細りになるし、社員の待遇も上げられない。だからこそ、デジタル活用で生産性を上げて、そこで蓄積したノウハウと余剰リソースを活用して、新規事業を立ち上げる必要がある」「付加価値の低い仕事をデジタル化で圧縮して、より付加価値の高い仕事にシフトしなければもう先がない」「下流工程にいては単価が安いままなので、同じ仕事なら上流をとりにいって自分たちの待遇を上げていこう」……等々。

しばらくすると、こうしたメッセージに何人かの社員が呼応してくれました。自らローコードツールやRPAやチャットボットのことを調べて、それらを「業務改善のために導入したい」と提案してくれる社員が出現し始めたのです。そのほとんどが、特にデジタルに精通しているわけではないバックオフィスのオペレーターや事務スタッフたちでした。彼女たちは日々の業務を行う中で、二重入力の無駄や単純作業の繰り返しに対する問題意識を、もともと強く持っていたのです。

このように、デジタル化の起点になるのは必ずしもデジタル人材ではなく、むしろ日々の業務に問題意識を強く持っている実務者なのです。実は、こうした問題意識や改善意欲をはっきりと持つ実務者こそ、デジタルという武器を渡して使いこなせるようにしてあげると、最強のDX推進者になるということです。

私たち経営陣は、こうした変革の荒波に先頭を切って飛び込んでくれた実務者たちのことを「ファーストペンギン」として称えるとともに、全力でバックアップして伴走しました。もちろん、彼女たちが必要とするデジタルツールの導入は素早く決裁しましたし、その学習のための機会もできる限り整えました。会社からのお仕着せではなく、自分たちの本心で導入したいと選定したデジタルツールに関しては、やはり習得速度も速く、現場での活用実験もすぐに成果が表れ始めました。

また、「もし、うまくいかなかったり失敗したりしても、その責任は経営陣がとる」というメッセージを事あるごとに伝えることで、変革に挑戦している社員の心理的安全性も担保しました。

こうして、先陣を切ったファーストペンギンたちが実にイキイキと楽しそうに仕事をしている姿を見て、それに続こうとする社員が徐々に増えていき、デジタルリメイクの機運が高まっていったのです。

目の前の仕事に課題感を持った実務者にツールと学習環境を与える

その中から、当社の田坂さんの事例をご紹介します。

田坂さんは典型的なアナログ文系社員でした。仕事は顧客管理システムへのデータ入力で、もともとは准社員として働き始めました。当時は顧客データをメンテナンスするチームにいて、顧客情報をシステムに登録したり、セミナー集客のためのダイレクトメールの名簿を作成したりする仕事に従事していました。

しかし、顧客情報は日ごとに増え、しかも更新情報も多いため、このデータ管理チームの業務は常にパンク状態で、残業が多く発生していました。常日頃から手作業でのデータメンテナンス作業に効率の悪さを感じて、何度か上司にも意見していた田坂さんは、ある日、ＲＰＡによる自動化プロジェクトのメンバーに実務者として抜擢されました。

このプロジェクトの対象となったのは、顧客登録プロセスでした。より具体的に言うと、新たに発生した顧客情報について、基幹システムの過去データを検索して、データが見つからなければ新規登録し、見つかった場合は採番して既存データを更新するという作業プロセスです。

単純業務ではありますが、件数がとても多く、複数人で対応しても時間がかかり、それが残業過多の原因にもなっていました。このような、単純かつ同じような動作を繰り返す業務は、ＲＰＡツールを利用し自動化することができるのではないか、という仮説に基づいて立ち上がったプロジェクトでした。

ちなみにＲＰＡとは、パソコン上で人が行っている繰り返し作業を自動化するツールのことです。ＲＰＡで設定したシナリオに従って、人の代わりにロボットが作業を行ってくれるので、単純作業からほぼ解放されます。しかも、ロボットは24時間動き続けるので作業キャパシティが大幅に増えます。

一見、「ＲＰＡツールで業務を自動化させるシナリオの設定」と聞くと、とても難しそうな印象を受けますが、プログラミング言語を知らない人でもシナリオ設定を行うことができるので、実際の業務フローを最も熟知している実務者が自らの手でシナリオを設定できるようになれば、次々と作業の自動化が進んでいきます。

もちろん、このＲＰＡツールでロボットを動かすシナリオを設定するには、ある程度の学習が必要となります。また、今の業務をそのまま自動化すればいいのかと言うとそうではなく、まず業務フローを可視化し、無駄なプロセスや非効率なフローを見直したうえで、ロボットが最大のパフォーマンスを発揮するように業務フローを再設計する必要があります。

ＲＰＡを使いこなす以前に、業務改善の意識が必要なのです。

田坂さんはプロジェクト活動を通じて、ＲＰＡで自動化できて、かつ効果がある業務にＲＰＡを展開していきました。やがて、それまで処理に３日かかっていた作業がたった1日で終わってしま

図表8-1　当社のRPA化推進による成果

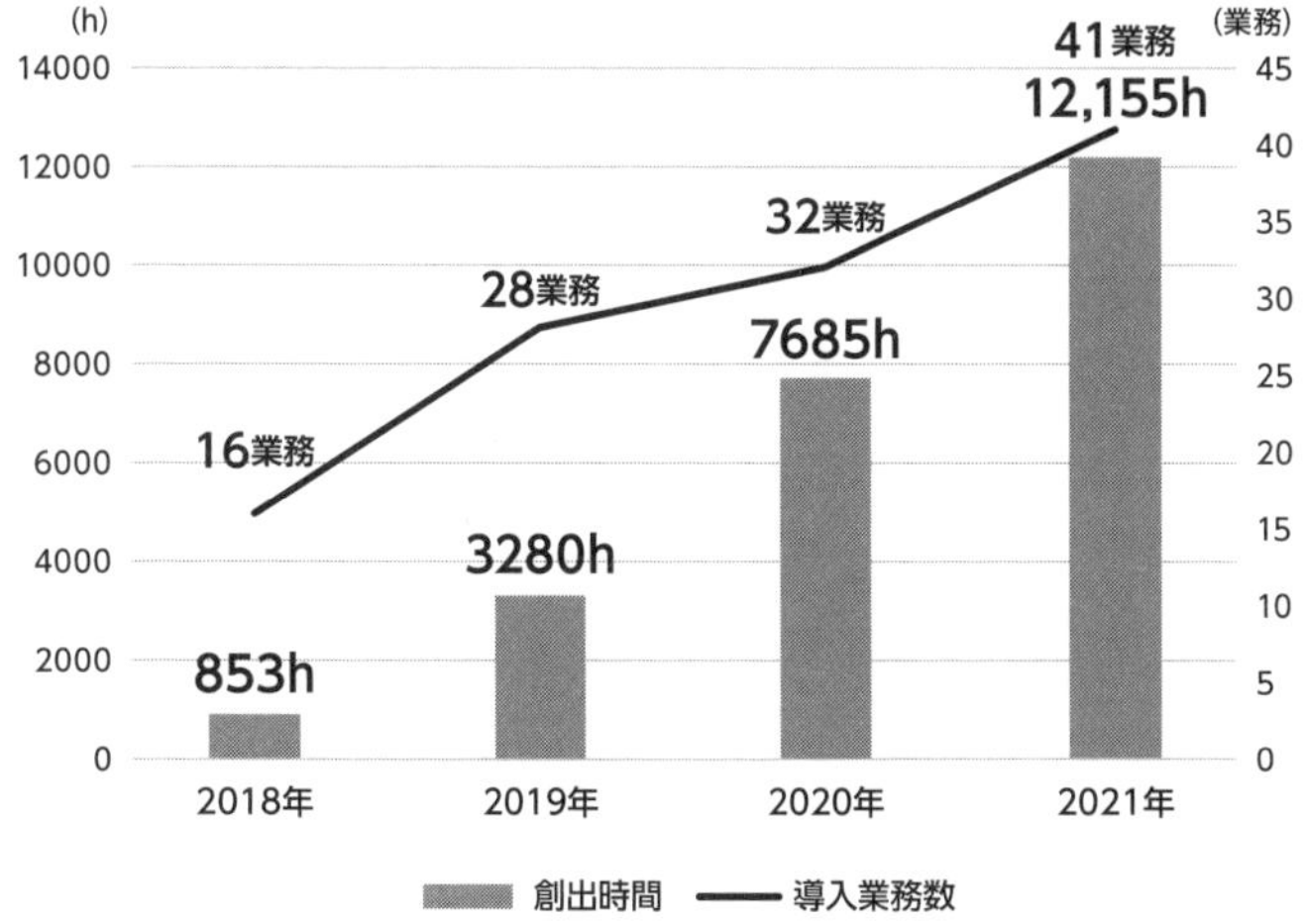

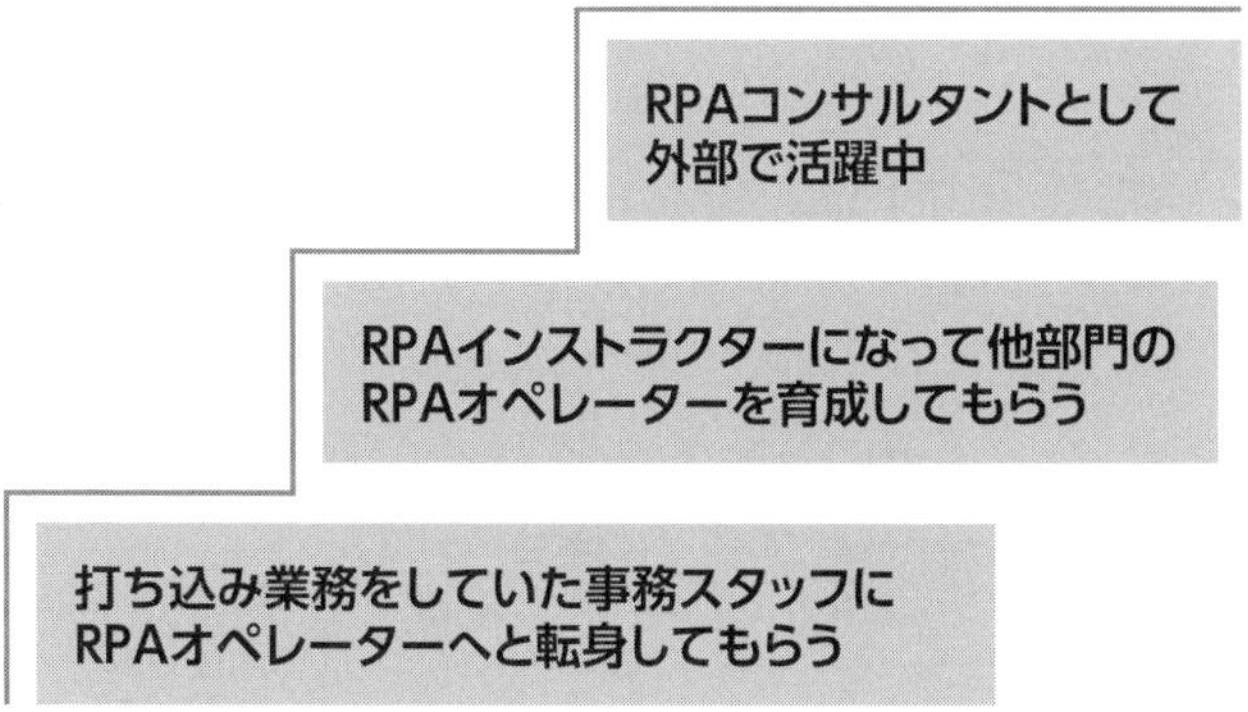

うような改善例も出てきました。

さらに田坂さんは、自分の業務、自部署全体へとRPAを展開し尽くすと、RPAを導入する社内インストラクターとして会社全体のRPA化を推進していきました。彼女が不要な業務を削減し、創出した当社内の業務時間は、もはや「万」の単位になります。

現在、田坂さんは、RPAコンサルタントとして社外でも大活躍しています。当社のクライアントの業務改善とRPA導入のお手伝いをして、大きな売上を上げるようになっています。繰り返しますが、田坂さんはほんの数カ月前まで顧客登録の打ち込みをしていた事務職でした。

田坂さんは次のように語ります。

「私は、とりあえずやってみようというスタンスで物事をいつも考えるようにしています。最初は、なぜ私に白羽の矢が立ったのかと思っていましたが、以前から単純作業の多さに問題意識を持っていたのでとりあえず前向きに取り組みました。最初の習得はやや難しかったのですが、RPAの開発自体はとても楽しくやっています。RPAといってもそのまま自動化するのではなく、業務フローを描くことから始めるので、自ずとそもそもの業務を改善することになります。もともとある業務を改善するのも楽しいし、自分が開発したロボットが動いて、皆さんの業務が効率化されていくのを見るのも達成感があります。最初は、私ともう一人が自動化プロジェクトに選ばれて持ち場を離れたことで、現場の人数が減って不満の声が上がったのですが、実際にＲＰＡの効果を実感してもらい、『こういうことができるのならうちでも取り入れたい』と言ってもらえたのがやりがいになっています」

人材の「ＤＸオセロ」をセットする

ファーストペンギンとなる実務者が何人か現れたら、そこにデジタル人材をマッチングさせます。

「変革意欲は高いが、デジタルに疎い実務者」に「デジタルに詳しい人」を組み合わせると、それまで進みにくかったデジタル化が、にわかに進み始めます。業務改善を本気で進めたいと考えている「変革意欲は高いが、デジタルに疎い実務者」に、「デジタルに詳しい人」が家庭教師のように傍に付き、一緒にデジタルツールを活用した業務改善を進めていく過程で、いずれも「実務にもデジタルにも精通したＤＸ推進者」へと転換していくからです。

たとえば、アナログなベテラン社員が、実務上の課題や改善仮説をデジタル世代の若手と共有し、デジタル世代の若手が、デジタルを用いたより効率的な作業の進め方をベテラン社員に提案していきます。このようにお互いに教え合うことで、業務に精通したデジタル人材、つまり「実務にもデジタルにも精通したＤＸ推進者」が増えていくのです。

そしてこうした「実務にもデジタルにも精通したＤＸ推進者」が、次の「変革意欲は高いがデジタルに疎い実務者」の傍に付いて一緒に業務改善を進めていくと、また新たな「実務にもデジタルにも精通したＤＸ推進者」が誕生します。

私たちはこれを「人材の『ＤＸオセロ』」と呼んでいます。

しかし、アナログ人材をデジタル人材へと転換するうえで、プログラミングやソースコードを新たに学習させるというのは現実的ではありません。アナログ人材をデジタル武装するのに最適な武器が、ＲＰＡやローコード・ノーコードです。ＤＸオセロの肝は、これらを使いこなせる実務者を連鎖的に増やしていくことにあります。

ＲＰＡやローコード・ノーコードというのは、習得がそれほど難しくないわりに業務改善に役立

図表8-2　人材の「DXオセロ」

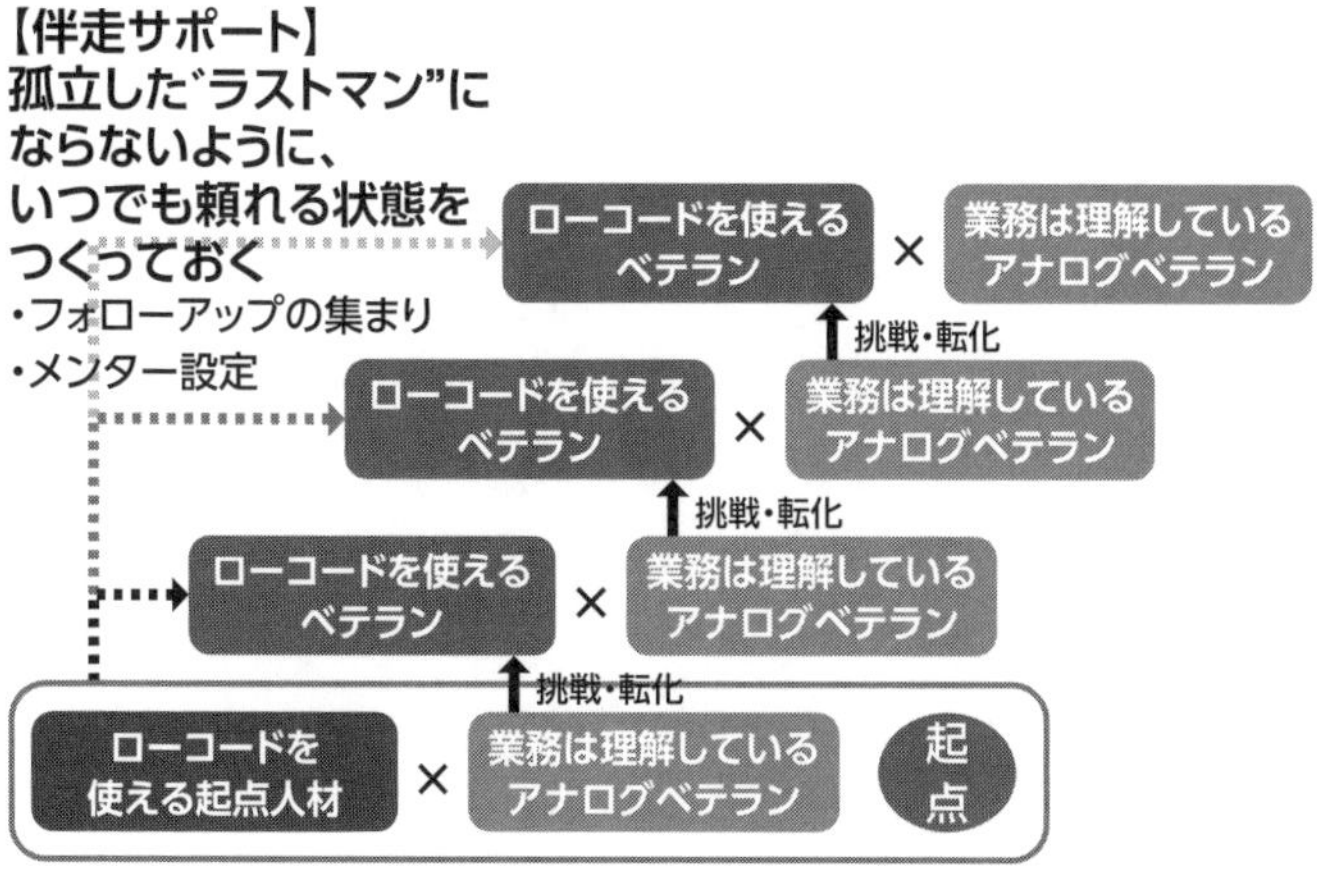

掛け算で展開していくことがポイント

つ機能が充実しているので、「デジタルに詳しそうな人」ではなく、むしろ「業務に詳しい人」に使ってもらえるようになったほうが、より早く大きな効果が表れるのです。

RPAやローコード・ノーコード活用の起点となる人材が社内にいない場合は、外部のインストラクターやコンサルタントを定期的に招いて、社内で研修会やワークショップを開催します。

当社の場合も、PowerBIというマイクロソフト社のローコードツールの使い方を何人かの若手に先行して学習してもらい、彼らが各部署を回って実務者を集めたワークショップを開きました。このワークショップでは、各々が持ち寄った実務を題材にして習得を進めました。その結果、現場のあちこちにPowerBIを活用して重要指標の常時可視化が進んでいき、その結果、各種ＫＰＩや目標の達成率がみるみる上がっていきました。

今では社外のお客様に、このワークショップの運営をサービスとして提供しています。

「全社員ローコード補完計画」とは？

実務者がエンジニアに頼ることなく業務改善に必要なデジタルツールを自分で開発できるようになれば、デジタルリメイクは劇的に進みます。そのためには、ＲＰＡやローコード・ノーコードを習得することが近道であるということもすでに説明しました。

ここで大切なのは「部分最適でバラバラのツールを選定しない」ということです。部署ごとや業務ごとに、互換性のない異なるデジタルツールを入れてしまうと、そのツールを跨《また》ぐところで非効率化や情報の分断が生じてしまうからです。

現場目線から「このツールを使いたい」と上がってくるのは、その業務や部署にとっては使いやすいツールでも、他部署や全体にとって必ずしも最適ではなかったり、互換性がなかったりといったことが多々あります。当社の場合は、ＳＦＡにはZohoを、その他の業務改善ツールとマイクロソフト社のPower Platformを全社で使うことに決めました。いずれも、グローバル規模で最も普及しているSaaSのローコード・ノーコードツールで、機能も他ツールとの連携面も最も優れていると判断したためです。ちなみに、Power PlatformにはPower AutomateというＲＰＡ機能も含まれています（当社ではWinActorというＲＰＡツールを併用しています）。

また、当社には本格的なクラウドシステム開発を行っている部門もあり、そこではマイクロソフト社のAzureというクラウド環境で開発を行っています。このAzureとの相性や連携性の観点からもPower Platformを選択しました。

このように全社のＤＸの要となるデジタルツールの選定には、経営陣が会社全体を俯瞰する目線とＤＸのゴールイメージを持って、自ら責任を持って関わらなければなりません。また、選定基準や選球眼をしっかりと持つためにも、検討テーブルに上がったツールについては自ら主体的に情報収集します。私たちも、すでに先行導入している他社の役員に導入成果などについてヒアリングしてみたり、無料版を自分で触ってみたりするなどして、可能な限り理解を深めたうえで判断しました。

また、Zoho、Power Platform、Azureなどを、自社に導入しようと決めると同時に、経営陣もそれぞれの認定資格を取得しました。なにもハイレベルな黒帯レベルの資格を取る必要はありませんが、エントリーレベルの資格さえ取れば、期待できる導入成果や活用方法をよりイメージしやすくなります。そして何より、経営陣がそこまでの本気を見せることで、社員に対する説得力が増します。

さて、話を本題に戻します。こうして私たちは、アナログ社員のデジタル武装のためのローコードツールとしてZohoとPower Platformを選定しました。

そして、こうしたツールを全社員が活用してデジタルリメイクを進めるには、わかりやすい錦《にしき》の御《み》旗《はた》が必要だろうということで、「全社員ローコード補完計画」という構想を発表しました。すべてのアナログ社員をローコードで補完してDX人材にリメイクする、という構想です。構想だけではなく、環境も整えました。全社員にZohoとPower Platformのことを学べるeラーニングアカウントを配布し、先にご紹介したワークショップを部署ごとに開催していきました。

そして、先に述べた「人材の『DXオセロ』」を各所にセットしていきました。変革意欲は高いが、デジタルに疎い実務者にZohoとPower Platformに詳しい若手を組み合わせて、実務レベルでの活用を促進すると同時に、それらを使いこなせる実務者を連鎖的に増やしていったのです。

そして最後に、リーダークラスをさらに巻き込みます。管理職が必ずしもDXやデジタルリメイクの起点になるとは限らないのですが、途中からでも管理職を巻き込むことで、現場の草の根レベルで火が付いたデジタルリメイクの機運を一層高めることができます。

戦略9

ChatGPT

「実務に取り入れて生産性向上」

ChatGPTが短期間で爆発的に広まった理由

今、ChatGPTが世界的に注目を集めています。ChatGPTとは、2015年に設立されたOpenAI社が開発した自然言語処理モデルで、会話や質疑応答など、多様な対話型タスクに使用されます。この自然言語処理モデルというのは、コンピュータが人間のつくる自然な文章や会話を解析して、意味や文脈を理解して情報を抽出したり、質問に回答したりする能力を持っています。

ChatGPTは、こうした能力を持つAIと会話（チャット）ができるチャットボットです。公開されてからわずか2カ月で、1億人が利用するという爆発的な速度で普及しています。

なぜ、ここまでChatGPTが爆発的に普及しているのか、その理由を整理していきたいと思います。

一つは、会話で問いかけると会話で答えてくれるという点です。しかも、ChatGPTが返してくれる文章やフレーズは、ごく自然で違和感がほとんどありません。

次に、人間にしかできないと思われていた「考えること」ができる、という点が挙げられます。

インターネット検索は記憶の外部化（覚えなくても検索すれば済む）を実現するのに対し、ChatGPTは思考の外部化（考えなくても質問すればよい）を実現するという点が大きく異なるのです。

そして最後に、AIというシンギュラリティを私たちに感じさせるツールであるという点です。シンギュラリティとは技術的特異点という意味で、技術の急速な進歩が人間の知性や社会に抜本的な変革をもたらすという概念です。ChatGPTさえ使いこなせば、1台のPCの向こうにある全人類の思考や知見を自分のものにできるかもしれないという期待感や高揚感が、多くの人々の関心を集めているのです。

つまり、少し大げさに言えば、ChatGPTが登場する前と後では、世界が変わってしまったのです。これから世界がどんどんAI化していき、あらゆるものにAIが搭載されていくことは間違いなく、企業は「AI化の波に乗り、経営にAIを取り入れて生産性を上げる」か、「経営にAIを取り入れられず置き去りにされてしまうか」の二択を迫られることになります。

そうした潮流の中、いち早くChatGPTを経営やビジネスに積極的に取り入れる企業や自治体が急増しています。図表9−1は、当社のアナリストが独自にリサーチした各企業のChatGPT

図表9-1 主な企業のChatGPT活用への取り組み内容

	組織名	分類	取り組み内容
1	パナソニックホールディングス	Azure OpenAI Service	AIアシスタントサービス「PX-GPT」をパナソニックグループの全社員に向けて展開。さまざまな部門の社員の生産性向上と業務プロセスの進化を実現、社員のアイデア・夢の実現や新たなビジネスアイデア創出への挑戦を促進。 国内社員約9万人が本格的な利用を開始。
2	ベネッセコーポレーション	Azure OpenAI Service	社内AIチャット「BenesseGPT」をグループ社員1.5万人に向けて提供開始。 グループ社員が「業務生産性向上」と「新商品サービスの検討」を積極化できる環境を構築。 業務効率化への活用や商品開発に向けた技術活用の検証に利用。
3	大和証券グループ本社	Azure OpenAI Service	利用対象は全社員9000人。 英語での情報収集のサポート、企画書などの作成、プログラミングの素案作成などに利用。
4	三井住友フィナンシャルグループ	Azure OpenAI Service	SMBCグループ専用環境上で構築するAI(人工知能)アシスタントツール。 「SMBC-GPT」の導入に向けた実証実験を開始。 文章の作成、要約、翻訳、ソースコードの生成、情報収集などに費やす時間を削減し、生産性の向上を目指す。
5	くふうカンパニー	ChatGPT Plus,API	全社員に対しChatGPTPlusおよびAPIの利用料金を会社負担とする福利厚生を開始。 社員がAI技術に触れる機会を増やし、社内にノウハウを蓄積してイノベーションに繋げる。
6	アナグラム	ChatGPT Plus,API	ChatGPTを利用したブレインストーミングに利用し、コピーライティングのアウトプットの参考に利用。 「3C分析」「SWOT分析」「ファイブフォース分析」といったフレームワークを利用して現状把握が可能。福利厚生として、ChatGPTPlus(月額20ドルの有料プラン)の利用希望者を対象に、3カ月間試験的な補助金を導入。
7	コロプラ	ChatGPT Plus,API	生成系AIを活用して社内の改善を図る、賞金付きの業務改善コンテストを実施。 「ChatGPT活用表彰制度」「ChatGPTPlusの利用料補助」なども導入。
8	アドバンスト・メディア	API	AI音声対話アバター「AIAvatarAOI(エーアイアバターアオイ)」のシステムに、OpenAI社が提供する会話生成AI「ChatGPT」を連携。
9	ベリサーブ	API	汎用的に使えるChatツール「VeriserveGenerativeAI」(略称:VeriGen:Chat)を開発し、全社員が業務での活用を開始。 社員向けAIサービスのアシストにより、技術者の直接的な技術力、各種分析業務における創造性の向上等を通じて、より高度なサービスの提供を目指す。
10	コムニコ	―	SNS投稿用のコンテンツ制作に必要な情報収集やリサーチなどの業務に利用。 AIで生成した画像や文章を叩き台にし、従業員が精度を高め制作物のクオリティをより向上させる。 推進チームを設置し、社内マニュアルの作成や従業員への各担当業務における活用方法のレクチャー、相談窓口を開設。
11	トランス・コスモス	―	ChatGPTの高い言語翻訳機能とText-to-Speechツールを統合したツールを独自に開発し、フィリピンでの多言語人材採用施策の面接で活用。
12	M&A総合研究所	―	自社のDXシステムである「DigitalizeM&A」とChatGPTを連携。 どうしても手作業で行う必要がある煩雑なタスクをChatGPTにより削減し、「DigitalizeM&A」だけでは実現できなかった事務作業の自動化・効率化。
13	内定くん	―	ChatGPTと連携したLINEで利用できる就活用ツールを開発。 エントリーシート添削、エントリーシート作成、自己分析、企業分析などを実施可能。
14	XAION DATA	―	AIタレント検索エンジン「AUTOHUNT(オートハント)」において、ChatGPTを活用。 スカウトメッセージの自動生成や面談メモのフォーム入力など、これまで時間を要していた業務の時間短縮と、高度なクエリの自動生成で、よりマッチ度の高い候補者の検索を実現。
15	カカクコム	―	「価格.com」「価格.com旅行・トラベル」「食べログ」などのChatGPTプラグインの提供開始。
16	横須賀商工会議所	―	ChatGPTを利用してお店のキャッチコピーや店舗紹介文(キーコンテンツ)、当店のお勧めを作成する「ジェネレーティブAI forヨコスカイチバン」を展開。
17	農林水産省	―	補助金の制度変更などに合わせて、業者に毎年委託していた数千ページに上るマニュアルの改訂や修正にChatGPTを活用。

活用への取り組みに関する情報をまとめたものです。一覧していただくと、各社各様の取り組みがわかると思いますが、まだ「研究段階」という企業が多いようです。

企業でのChatGPTの活用方法

こうした各社の取り組み状況からも、一つ例外なく言えることがあります。それは、企業規模の大小や業種の違いを問わず、多くの企業がその活用に向けて素早く動き始めているということです。企業でChatGPTの特性を生かした活用が期待できる領域として、次のようなものが挙げられます。

・カスタマーサポートや社内ヘルプデスク

ChatGPTは、多くの一般的な質問や問題に対して回答できるので、ChatGPTをベースにした自動応答システムやチャットボットを導入して、顧客の問い合わせに対応したり、社内ルールや規程などを照会するのにも活用できそうです。ちなみに当社の社内チャットボットは、独自開発した社内専用のChatGPTに段階的に移行し始めています。

・情報収集や調査分析

ChatGPTは大量の文章から重要な情報を抽出したり要約したりするのが得意なので、市場や業界の最新情報を収集・分析して、それらをレポートにまとめるなどの作業をサポートしてもらえます。ただし、間違った情報や分析も時々含まれているので、使い手が自身のフィルターを持ちながら、あくまで補助ツールとして利用することが前提にはなります。

・コンテンツ作成

ChatGPTは人が読んでも違和感のない文章を作成できるので、ブログ記事やマーケティングコンテンツ、商品の説明文などを作成するのに活用できます。こうしたコンテンツ作成にかかる時間の大幅な短縮が期待できます。実際に、当社でも対顧客向け業務としてはここから活用を始めています。

経営者やビジネスマンのパーソナルツールとしての使い方

会社として本格的に利用する前に、「個人的な壁打ち相手」として使うのも便利です。たとえば経営者なら、次のような使い方があります。

・アイデア出しの壁打ち

思考のヒントとなるアイデア出しを相談する（例：経営にＡＩを活用する方法は？　と尋ねてみる）。

・伝え方の壁打ち

ストレートに言いたいことのオブラートへの包み方を相談する（例：残業時間を減らしてほしい旨を伝え、尋ねてみる）。

・スピーチ・挨拶の壁打ち

朝礼や社内報などでのスピーチ原稿を相談する（例：７月の朝礼で気の利いた時候の挨拶はないか尋ねてみる）。

質問の投げ方次第で回答の精度がまったく変わる

このような用途で利用する場合、より有効な回答を引き出すうえでポイントになるのが「質問の投げ方」です。質問をするうえでのポイントを次に整理しておきます。

・シンプルな文章で尋ねる

日本語を覚えたての外国の人に丁寧に説明するつもりで、基礎文法に沿った命令や質問を心掛けます。複雑な言い回しは避け、言葉を端折《はしょ》らずに伝えることでＡＩに意図が正確に伝わります。

・ロールの設定

どういう立ち位置からの回答を期待しているのか、ChatGPT に役割を与えて立場を明確にします。たとえば「あなたはマーケティングの専門家です」などというように、期待する役割を最初に設定します。

・具体的な指示

回答文の長さ、テキストのスタイル、回答を読む対象者などを具体的に指定します。また、次の4つの情報を指示として組み合わせることも有効です。

①指示：絶対にやってほしいこと
②入力：指示のもととなるテキストやデータ
③要求：指示を行ううえで必要な条件や追加情報
④出力：どのような形式で出力してほしいか

・命令と対象の区別

頼みたい命令と、その命令の対象となる内容を明確に区別するために##などの記号を用いるのも有効です。たとえば、「##以下の質問に回答してください」とか「##以下の文章を新入社員にもわかるように要約してください」などと命令を入力し、##以下にその対象となるコンテンツを記述します。

・フィードバックループを利用する

命令や質問に対するChatGPTの回答に対して、さらに細かい指示や質問を出すことをフィードバックループと言います。与える指示をより細かくしたり具体的にしたりすることで、望む回答をより得やすくなります。

企業で利用する際の3つの注意点

使ってみると非常に便利なChatGPTですが、活用する際には3つの注意点があります。

一つは「入力情報の取り扱い」です。無料版のChatGPTの場合、通常の設定では投稿した内容が、ChatGPTの学習データとして利用されるリスクがあるので、社内の秘匿情報を学習されないように最初に設定するのがベターです（オプトアウト申請フォームから申請できます）。

次に「出力情報の正確性」です。ChatGPTは確率的に「それっぽい文章」を作成しているので、たまに間違った回答もします。したがって、回答結果を鵜呑みにするのではなく、情報を疑う気持ちと、回答の根拠を自分で探すといった検証が必要です。

そして最後に「情報鮮度」です。2023年7月現在のChatGPTは、2021年9月までのデータをもとに学習をしているので、それ以降のニュースについては疎いようです。ただ、ＡＩモデルそのものが進化しているため、データがアップデートされたり、プラグインというオプションツールを用いてウェブ検索を行ってもらい、知識を追加でインプットしてもらうことも可能です。

企業がChatGPTを安全かつ有効に利用するには？

社内利用者がこうした注意点を理解したうえでChatGPTを利用できればもちろん問題ないのですが、社内の利用者が多くなればなるほど、それを周知徹底するのが難しくなります。社員のリテラシーや理解力には当然バラつきがありますし、ついうっかり社内の秘匿情報や個人情報をChatGPTに入力してしまったという事故も起こりかねません。

ChatGPTはその手軽さゆえに、企業として利用するには、セキュリティ面や機密情報の漏洩リスクが大きな課題なのです。

そこでお勧めなのが、Azure OpenAI Serviceの活用です。Azure OpenAI Serviceを活用すると、より安全にChatGPTを活用できる環境を短期間で構築することができます。当社も

Azure OpenAI Service を活用して ChatGPT の社内利用環境を整えたうえで、社員が親しみを持てるように「FUN-AI先輩（フナイセンパイ）」と名付けた社内アプリを展開してグループ全社員に ChatGPT の活用を促しています。ちなみにこのFUN-AI先輩（フナイセンパイ）の開発は、Azure OpenAI Service を使いこなせる当社のエンジニアが3週間ほどで仕上げました。

Azure OpenAI Service を活用すれば、短期間でこうした安全な環境を構築することが可能です。この Azure OpenAI Service は、ChatGPT を提供する OpenAI 社の親会社にあたるマイクロソフト社が提供するサービスなので、マイクロソフト社のセキュリティレベルが担保されます。

Azure OpenAI Service の利用によって、次のことが実現します。

・OpenAI の学習データの対象とならず情報漏洩が防げる
・Azure ならではのセキュリティが担保される（ネットワークの閉域化など）
・マイクロソフト社のサポート下で利用ができる（99・9％の稼働保証など）

ちなみに、この Azure OpenAI Service で ChatGPT を利用するには独自の環境構築が必要です。ベンダーに開発を依頼すると数百万円かかってしまうこともありますが、当社では中小企業向けに月々10万円からの利用料で初期開発費用を抑えたプランをご用意しています。

Azure OpenAI Serviceを活用してChatGPTの安全な利用環境を構築する方法と当社の構築プランについては、左記の当社サイトにより詳しい情報が記載されています。

スマホでご覧になる方はこちらのQRコードからアクセスできます。

PCでご覧になる場合は、検索サイトから「船井総研デジタル」「ChatGPT環境」で検索してください。URLは、https://cloud-expert.fsdg.co.jp/service/430/です。

社内利用者がさほど多くないとか、そこまでセキュアな環境は必要ない、あるいは何に使えるかをまず試してみたい、という場合は、無料版を試しに使ってみるというところから始めるのがよいと思います。そして、いざ「本格的に社内で使っていきたい」ということになったら、有料版のChatGPT Plus（1ユーザー当たり月額20ドル）の検討をお勧めします。無料版は3・5というモデルですが、有料版にするとより高性能なGPT－4が使えるようになります。

3・5と4の違いを簡単に言うと、AIがより賢く速くなります。もう少し具体的に言うと、処理速度やモデルのパフォーマンスが向上しているので、より高速な推論やより正確な回答結果を得られます。また、GPT－4は強化学習アルゴリズムの改良と新しいルールの追加がなされているの

図表9-2　ChatGPTの無料版と有料版の活用範囲

＼オススメ／（ChatGPT有料版・API利用・Azure OpenAI Service）

	ChatGPT 無料版	ChatGPT 有料版 (ChatGPT Plus)	API利用 (ChatGPT API)	Azure OpenAI Service
このような方にオススメ	まずはお試しで使ってみたい方	本格的に社内で使っていきたい中小企業・中堅企業	APIの設定ができ、社内で使っていきたい中小企業・中堅企業	セキュリティ対策も行い、セキュアに使いたい中堅企業・大企業
費用	無料	有料	有料	有料
手軽さ	◎	○	△	▲
機能	○	◎	○	○〜◎
セキュリティ	△	△	◎	◎
特徴	・無料でアカウント作成を行うだけで使える ・入力内容をAIモデルの学習に使われてしまうので、オプトアウト設定が必要	・有料版にすると、より高性能な「GPT-4」が使える(無料版は3.5) ・プラグイン機能も使える ・オプトアウト設定が必要	・Slackなどの社内コミュニケーションツールなどに、ChatGPTをAPI連携で繋いでしまう方式 ・オプトインしない限り、学習には利用されない	・マイクロソフト社が提供するChatGPTサービスなので、マイクロソフト社のセキュリティレベルが担保される ・機密情報を入れてAI活用したい場合にオススメ

で、回答の正確性・安全性、入力の自由度などの向上が期待されています。

ChatGPT Plusの利用料を補助する会社も続々と増えてきています。

そしてさらにChatGPT APIを導入すると、Slackなどの社内コミュニケーションツールなどに、ChatGPTをAPI連携で繋ぐことができるようになります。イメージとしては、SlackやTeamsなどのチャットツールで誰かに話しかけるのと同じ延長線で、自然とChatGPTに話しかけるようなことができます。また、オプトインしない限り、ChatGPTの学習には利用されないので、情報漏洩のリスクもありません。オプトアウトとは「入力した情報をAI学習に利用しないでね」という意思表示をすることです。オプトインとは逆に「利用していいよ」という意味で、無料版の初期設定は「利用していいよ」というオプトインの状態になっているので注意が必要です。ChatGPTをAPI経由で利用すると、すでに使用しているコミュニケーションツールを使う延長線上で、比較的安全にChatGPTを自然と活用できるというのが最大の特徴です。

ここまでの説明を、わかりやすく表にまとめておきます（図表9－2）。皆さんの会社の状況や目的に応じて、どの利用方法で始めるかをイメージしていただければと思います。

現実的な活用方法を探るには実践的なワークショップが有効

いずれにせよ、どの利用方法から始めるかは、会社や部署のステージや業種によってまちまちですが、本格的な活用に至るまでの手順は同じです。
①ChatGPTの使い方を学習する
②まず仕事で使ってみる
③使える業務や分野を特定していく
④必要な環境を整える（開発する）
そして先ほどもお伝えしたように、世の中の多くの企業が、この①～③の段階にあります。

そこで当社では実地のワークショップを通じて、ChatGPTの社内活用促進の初動喚起をお手伝いしています。ChatGPTをこれから活用しようという方の参考になると思いますので、その内容を少しご紹介します。

まず、今後社内におけるChatGPT活用の推進役となるメンバーを10名程度選抜し、当社が用意している約5時間のeラーニング講座を受講します。eラーニングで最低限の知識や使い方を学習した後、約半日のワークショップに参加します。ワークショップでは、現場の実情や課題に合わせた活用方法についてディスカッションしながら、翌日から業務で実践できるアイデアを整理して発表します。

このワークショップスタイルは、エンジニアではない一般社員のデジタル武装化を推進するうえでとても有効で、当社では、ChatGPTに限らずさまざまなテーマのワークショップがあちこちで自主開催されています。その一部を紹介します。

・PowerBI活用ワークショップ

PowerBIを活用して業務成果やKPI数値を常時可視化したいという社員が集まって、PowerBIに詳しい若手の話を聞きながら、その場でBIダッシュボードをつくっていくというワークショップです。このワークショップによって、さまざまなBIダッシュボードが実務者主導で立ち上がりました。

・エンジニアリング道場

プログラミング未経験者向けにプログラミングの基礎とGAS（Google Apps Script）の便利な機能を中心にレクチャーし、実際にその場で手を動かして各自の業務を自動化していきます。ここに参加して、GASで簡単なプログラムをつくってしまう社員が増えました。

・データベース三十六房

「データベース（RDBMS＝リレーショナル・データベース・マネジメント・システム）を習得したい！」というある社員の熱意に応えて、それに詳しいエンジニアが立ち上げたワークショップです。課題図書を一通り読み終えたうえで参加し、データベースに関する理論や内部構造から実務までを学んでいます。「過酷な業務で使えるようになりたいガチ勢のためワークショップ」というコンセプトで、毎週開催しています。

このようにワークショップは、具体的なデジタル技術やツールの使用方法を学ぶ機会であると同時に、その場で実際にプログラムを組んだり、実践的な活用方法をアウトプットする機会でもあります。これによって、理論だけではなく実際の応用力を身につけることもできます。

また、他の参加者との課題共有やコラボレーションの機会も生まれるので、学習のモチベーションも維持されやすく、さらに情報やアイデアの共有もできるので、当社ではワークショップ活動を社内外に積極的に推奨しています。もちろん、その立ち上げや運営のサポートも行っています。

戦略10

レガシーシステム

――「失敗しないリプレイス」

基幹システムはいずれ入れ替えが必要になる

皆さんの会社にも、組織や企業の中核となる重要な業務を支えるための基幹システムがあると思います。主に次のような役割を担っています。

①データ管理：顧客データ、商品情報、在庫情報などのデータを一元管理

②トランザクション処理：受注管理、売上管理、購買管理など、バックオフィスの業務プロセスを支えるトランザクション処理

③経営資源の管理：人事管理、給与計算、予算管理、資産管理

④分析とレポート：業績や経営状況を把握するための分析やレポート

基幹システムは、特定の業界や組織に合わせてカスタマイズされることが一般的です。製造業の基幹システムには生産管理や在庫管理の機能が組み込まれている場合があります。また、基幹システムは通常、企業内での情報共有や業務の効率化を図るために、他のシステムやアプリケーションとの連携も行います。

代表的なものが、会計システムです。毎年の税務申告に必須なので、弥生会計とか勘定奉行などといったシステムが税理士の指導などで必ず入っていることと思います。そのほか、社会保険や残業代などを管理する給与管理システムや、債権債務を管理する財務会計システム、受発注や仕入れなどを管理する在庫管理システムなどがあり、これらを総称して基幹システムと呼びます。

これらは業務のオペレーションはもとより、効率化や意思決定にも欠かせないものです。手書きの帳簿で会計をしていた時代には誰も戻りたくはないでしょう。

とはいえ、その導入の範囲と活用レベルは各社でさまざまです。事業の性質や規模も違えば、投じることができる予算とリソースも各社各様だからです。また、会社の組織文化や社員の適応力などによっても、導入範囲や活用レベルに差が生じます。

会社が成長して規模が拡大したり、業務内容に変化があったり、法律が変わったりすると、従来の基幹システムのままでは不都合になることがあります。そこで、定期的にソフトウェアをアップデートしたり、システムそのものを入れ替えたりする必要が出てくるのですが、これが意外と大変な作業なのです。というのも、かつては自社に合わせてカスタマイズしたシステムを、サーバなどのハードウェアごと会社内に設置して、社内の情報システム担当者がその保守運用を行うことが当たり前でした。今ではこれをレガシーシステムと言ったりします。

この「レガシー（Legacy）」とは、過去から受け継がれたものや既存のものを指す言葉で、レガシーシステムとは、長い時間を経てカスタマイズや増改築を繰り返してきた古いシステムを指します。これらのシステムは、新しい技術やベストプラクティスが世間に普及した後も使用され続けています。会社の重要データが格納されていたり、業務の膨大な処理プロセスと一体化しているため、古くなってもそう簡単には入れ替えにくいからです。

このようなレガシーシステムは、機能や構造や、インターフェイスが古いまま、会社の独自の生態系の中で遺産のように生き残っていきます。そしてメンテナンスやアップデートの困難さ、セキュリティ上のリスク、新しい要件への対応の制約など、さまざまな課題を抱えることになります。

たとえば、時間が経つにつれて次のような問題を引き起こすようになります。
・ソフトウェアが古くなり、メーカーの保証期限も切れてしまうので交換しなければならないが、古くなったハードウェアごと新しいシステムの導入が必要となり初期投資額が大きい。
・古くてもいいからアップデートなどで誤魔化して乗り切ろうとしても、メーカーの側にも古いプログラミング言語を使える人材が不足していて対応してもらえない。

・社内の保守運用担当者が定年などで退職するようになったが、たいてい一人で属人的にブラックボックスの中で運用しているため、代わりとなる人材がいない。

多くの経営者は、直接利益を生んでいるわけではないのに莫大なお金がかかる基幹システムの入れ替えに伴うコストを知ると十中八九、顔色を変えて難色を示します。本章では、その費用を最小限に抑えつつ利便性を高める方法をご紹介します。

その前に、こうしたシステムのこれまでの変遷と昨今のトレンドに触れておきたいと思います。

情報システムの変遷と進化を振り返る

新しいものが必ずしも良いというわけではありませんが、ＩＴ業界ではたいていの場合、新しいもののほうが利便性に優れていて、そのパフォーマンスに比したコストはどんどん安くなっています。使い慣れたレガシーシステムにこだわるよりも、思い切って新しいシステムに入れ替えたほうが業務効率も上がり、必要なコストも安くなります。

経営に使われるシステムは21世紀になってから長足の進歩を遂げており、図表10－1のように進化してきました。

❶オフィスコンピュータ時代

ここに書かれているオフィスコンピュータ（オフコン）とは、大型の高性能コンピュータに情報システムが搭載されて一元管理をしている状態を指します。各部署にオペレーション用のPC端末自体は複数台あるものの、それは充分なCPUを搭載していないしオフコンともきちんと繋がっていないので、処理はメインフレームのオフコン頼みになります。この時代はオフコンのみを保守管理すればよかったのですが、故障すると業務がすべて止まってしまいますし、1台のオフコンにすべての業務処理を頼らなければならず、コンピュータ室の前にはいつもデータ抽出などを依頼する人の行列ができていました。

❷クライアントサーバ時代

次に、各社員に配布したPC（クライアントPC）にソフトウェアをインストールして、クライ

図表10-1 システムの進化の変遷

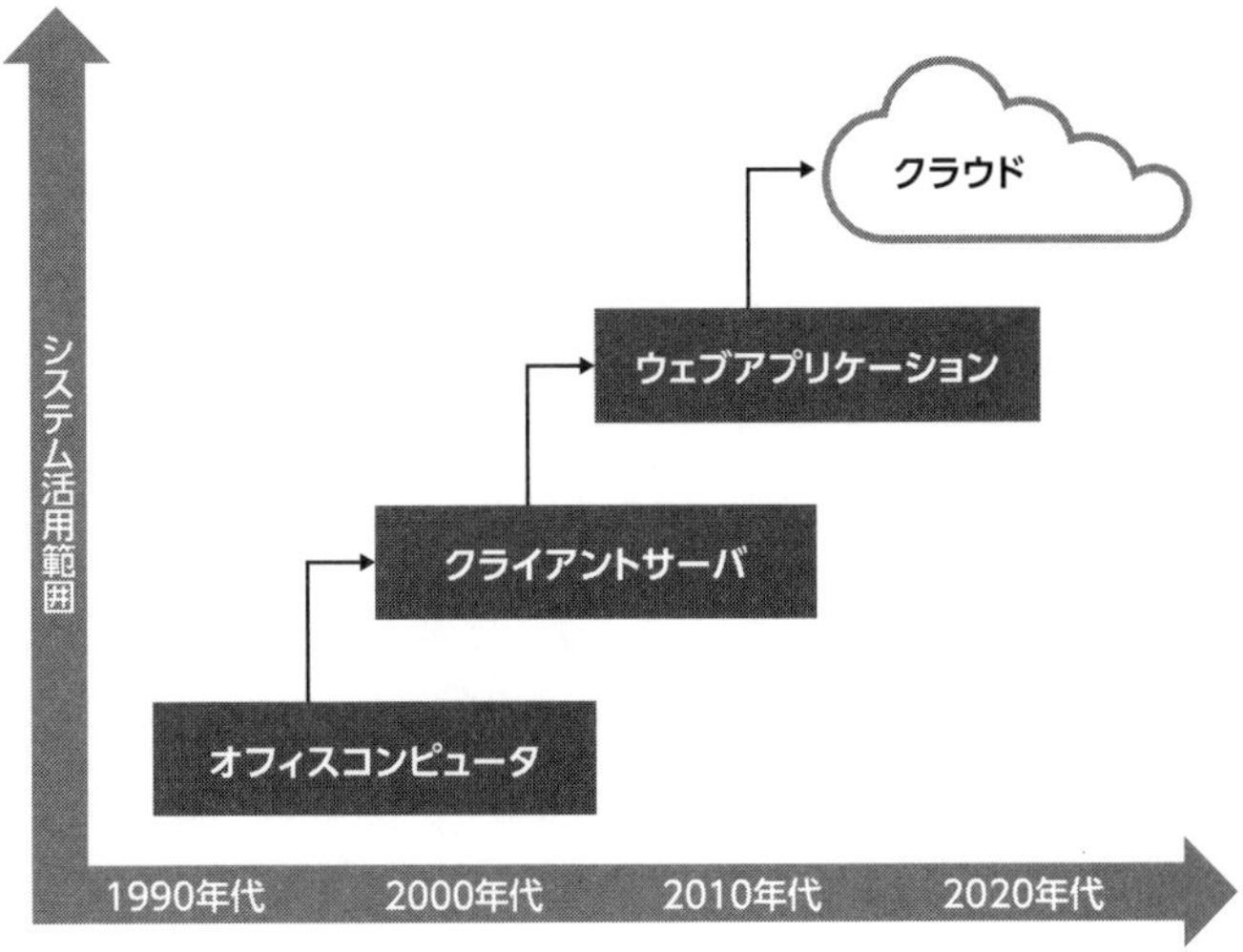

アントPC同士を繋ぎデータだけは共有サーバにアップロードして管理するような体制に移行します。

それなりのCPUを搭載したクライアントPCを各社員が持つようになると、いつでも好きな時間に利用することができるので利便性はだいぶ向上しましたが、一方で、それぞれのクライアントPCにソフトウェアをインストールしていると、保守しなければならない台数がどんどん増えていくのでその管理がたいへんです。ユーザーである社員側も、自分でアップデートを定期的にしなくてはなりません。「アップデートしてください」とか「まだアップデートしないでください」などといったやりとりを情報システム室とする必要があります。また、クライアントPC側とサーバ側とでOSのバージョンが異なるためにエラーが起きるなどの不便もありました。

❸ウェブアプリケーション時代

ウェブアプリケーションとは、ウェブブラウザを介してアクセスできるアプリケーションのことです。ウェブアプリケーションのメリットは、インターネットが繋がっていれば場所やデバイスに依存せず、必要な情報や機能に簡単にアクセスできるところです。また、ユーザーが自分のPCにソフトウェアやアプリケーションをインストールする必要がなく、管理者側としてもバージョン更新や管理も容易です。また、ウェブブラウザを使用してアクセスするので、ユーザー側のPCのOS（オペレーティング・システム）環境に依存しません。ブラウザ（閲覧用ソフト）に互換性があれば、Windows・Macなど、どんなPCからも操作可能です。

ただ、問題や制約がないわけではありません。ウェブアプリケーションは、サーバとの通信が必要なので、サーバの性能や容量によってはデータの送受信に時間がかかる場合があります。特に大規模なデータ処理や高度な計算が必要な場合には、パフォーマンスに影響を及ぼす恐れがあります。

ですから、想定される最大処理量や最大トラフィックに合わせて、最大容量のサーバを常に設置しなければなりません。仮に、普段はその容量を持て余したとしても最大規模のサーバをスタンバイさせないといけないので、当然その分の余剰コストがかかります。

また、セキュリティ面のリスクもあります。ウェブアプリケーションは、インターネットを介してアクセスされるため、セキュリティ上のリスクが存在します。適切なセキュリティ対策が講じられていない場合、データの漏洩や不正アクセスのリスクが発生する可能性があります。

❹クラウド時代

クラウドも、ユーザーがインターネットを介してリモートサーバ上のアプリケーションやリソースにアクセスするという意味では、ウェブアプリケーションと同じ仕組みですが、次のような点でクラウドはウェブアプリケーションよりも優れています。

最大の違いは、サーバなどのインフラ、オペレーションシステム、場合によってはその上で動くアプリケーションも、すべて他社（プロバイダー）が用意してくれるという点です、これによって次のようなメリットを、企業規模の大小にかかわらず享受できるようになりました。

まず一つは、規模の柔軟性（スケーラビリティ）です。クラウドでは、需要に応じてリソースを柔軟に拡張したり、逆に縮小したりもできます。ですから、普段は使いもしない大容量のサーバを、処理の天井に合わせて用意する必要はありません。ユーザーは、結果的に無駄なインフラコストを負担せずとも済みます。また、滅多なことではダウンしないという点でも優れています。

クラウド上の仮想マシンは、複数の地理的に分散したデータセンターやサーバでホスティングされるため、一部のサーバがダウンしても他のサーバが代わりに動き続けることで、サービスの中断がほとんど発生しません。たとえば、マイクロソフト社のAzureというクラウドサービスでは、99・99％以上の可用性を保証しています。この可用性とは、クラウド上のサービスがユーザーに対して利用可能な状態である割合や期間を指します。

また、クラウドはセキュリティの面でも優れています。クラウドサービス・プロバイダー（提供業者）は、セキュリティに関する専門知識とリソースを保有していて、普通の会社が自前で講じるようなセキュリティ対策とは比べものにならない高いレベルでセキュリティ環境を提供しています。ネットワークレベルでのファイアウォールやアクセス制御、データの暗号化とバックアップ、常時監視による異常アクティビティの検出など、こうしたセキュリティ対策を最高水準かつ最新の状態で提供し、利用者はそれを安価で享受することができます。

そして、システムが自動的に最新の状態に保たれるというのもクラウド活用の大きなメリットです。クラウドでは、システムやアプリケーションの新しいバージョンが計画的かつ頻繁にリリースされます。ですから、自前のサーバ上で古いレガシーシステムを自前で改修しながら使い続けている会社と、最新のテクノロジーがその都度注入されるクラウドサービスを使っている会社では、どんどん差が開いていくことになります。

SaaSのソフトウェアは、プロバイダーが管理・運営しているので、ユーザーは純粋にこれを利用するだけで、サーバなどのインフラやセキュリティの管理はプロバイダーに任せることができます。

最近では、さまざまな用途のアプリケーションがSaaSで提供されています。戦略5や戦略6でもご紹介した営業管理（SFA）や顧客関係管理（CRM）も、今では大半がSaaSですし、人事管理（HR＝ヒューマン・リソース）や年末調整に特化したSaaSもあります。Office Suite（オフィス・スイート＝ドキュメント作成やスプレッドシート）、プロジェクト管理なども、さまざまなプロバイダーから提供されています。

業務にシステムを合わせるのではなく、システムに業務を合わせる

SaaSは、複数の企業やユーザーが同じソフトウェアをクラウド上で共有して利用するので、企業の個別のニーズに合わせてカスタマイズすることを前提としていません。反対に、SaaSではその分野におけるベストプラクティスを集約してパターン化されているので、自社の業務フローをSaaSに合わせたほうがベターであることが多いのです。自社の業種や業務特性にマッチするSaaSを選んで、そのまま導入するのが好ましいとも言えます。

当社の場合も、自社の各業務領域にマッチしやすいSaaSをいくつか選定し、自分たちの業務フローをそのSaaSのベストプラクティスに合わせて再定義しました。当初は、「自分たちの仕事のやり方をシステムに合わせるなんて！」と、現場を中心にかなりの抵抗が生じましたが、いざ使い始めてみると、やりたいことの多くはSaaSツールがカバーしているうえに、日々バージョンアッ

プされて使いやすくなっていくので、そうした抵抗は徐々に減っていきました。

独自のシステムをゼロから構築したりカスタマイズをするよりも、自分たちの仕事のやり方を標準的なシステムに合わせたほうが、業務効率が高まることもわかってきました。

システムの入れ替え前に、業務フローの見直しとダイエットが必須

中小企業と大企業のバックオフィスで特に大きな差が出る領域が、基幹系の情報システムです。経理部門や総務人事部門と比べて、情報システム部門はある程度の企業規模でなければ専門部署を持てない場合が多く、中小企業では社内のパソコンに詳しい人が一人で担当していたり、総務や営業の仕事を兼務しながら担当していたりというケースがほとんどです。

そのため、社内で使用している基幹系の情報システムは、昔から付き合いのあるＯＡ機器の販売会社に勧められるまま導入されている中小企業が多く見受けられます。

これほどクラウドが進化し、テレビＣＭでも流れているような便利な業務系SaaSが多数存在す

る時代に、いまだに昔ながらのオンプレミス製品を使い、使い勝手の悪いシステムに高い保守費用を払い続けている事例が散見されます。

一方、同じ中小企業でも、ＩＴベンチャーはむしろ大企業よりもＤＸ化が進んでいる傾向があります。システムに明るいデジタルネイティブ世代がＳＮＳなどで情報を得ながら、自社の業態や業務フローと親和性の高そうなSaaS製品を見極めて導入し、導入後は柔軟に自社の業務フローを変えながら上手に使いこなしているのが、ＩＴベンチャーの共通点です。

新規事業の立ち上げやコア業務に集中するために、業務システムはSaaSの既製品をうまく使って、できるだけ時間と労力を奪われたくないという考え方なのだと思います。

ただ、一般的な中小企業の場合では、なかなかそうはいかないのが現実です。

たとえば、勤怠管理システム一つをとっても、SaaSは10製品以上存在します。デジタルに疎い現場社員がその中から自社に合ったサービスを選択することは困難なので、自然と今まで付き合いのあるＯＡ業者やシステム販売業者に相談してしまいます。すると業者の営業担当者は、その会社の業務内容や業務フローの検証・分析もろくにしないまま、自社が取り扱っているSaaS製品を紹介する傾向があります。業務フローを見直さないまま使ってみると、今までのやり方とまったく合わず、現場からは「急に言われても今までのやり方を変えられない」という声が上がり、結局はせっかく導入したSaaS製品は一部の人にしか使われず、大半は相変わらず従前の手作業のほうがマシといって慌ただしく黙々と大量の作業をこなしている……といった状況に陥ってしまう中小企業も少なくありません。

新しいSaaS製品を導入し、表面的にはうまく進んでいるように見えても、社員からは「使いにくい」という声が多く、実はエクセルやスプレッドシートに頼った処理だらけという悲劇が、中小企業では多々発生しているのです。

このような失敗例から学ぶべきシステム刷新の重要なポイントは、システム導入や入れ替えの前に「業務プロセスの可視化と標準化」をきちんと行うということです。まず、業務の可視化、次に無駄や非効率を生んでいるプロセスの見直しを行い、システムの標準機能で業務を回せるかどうかを検証してみることが大切です。そのうえで、不足している機能をどう補完していくのかを検討していきます。これが、システムの入れ替えや刷新における効果的な進め方です。

どうしても標準機能でカバーできない部分があったとしても最小限で済みますし、たいていはすでに誰かが開発した似たようなモジュール（部品）があるので、それを活用すると最小限の時間とコストで済んでしまいます。

ここでもう一つ、「ビジネスプロセスダイエット」という視点も大切です。

ビジネスプロセスダイエットとは、一言で言えば、業務を「見える化」して整理することです。システムの刷新や入れ替えに際して、なぜこのビジネスプロセスダイエットが必要かというと、プロセスが複雑化・肥大化したままシステムの入れ替えや刷新に突入してしまうと、余計な追加機能開発やカスタマイズがあちこちで発生してしまうからです。

人にたとえると、太ったままのカラダに既製品のおしゃれなスーツを着せようとしても入らないので、わざわざ特注で体型を誤魔化すような服をつくらないといけないのと似ています。そんな特注服をつくる前にカラダのダイエットをすれば、普通に売っているおしゃれな服をスタイリッシュに着こなすことができるはずです。

同様に、肥大化したビジネスプロセスに合わせてSaaS製品をカスタマイズすると、想定よりも大きなコストがかかります。反対に、SaaS製品にもともと備わっている標準的な機能やフローに業務を合わせれば、無駄なカスタマイズ費用はかかりません。

ビジネスプロセスダイエットをしっかりと行った後に、古いレガシーシステムをSaaS製品にリプレイスしたことで、コストが5分の1になったという事例もあります。ビジネスプロセスダイエットの手順と考え方は、次の通りです。

①見える化：ブラックボックスになっている業務をオープンにして、棚卸しをして、見える化を行います。すべての部署で見える化を行うことで、重複している業務も見つかります。

②なくす化：見える化によって発見できた不要な業務や重複している業務を「ECRSメソッド」に基づいてなくしたり、統合することによって、業務プロセスそのものを減らします。

ECRSメソッドとは、「Eliminate（なくす）」「Combine（統合する）」「Rearrange（置き換える）」「Simplify（単純化する）」の4つの要素を順番にチェックすることで、既存業務の改善ポイントを洗い出す手法です。

「Eliminate（なくす）」の視点

・現在行っている作業をやめて、なくすことはできないか？
・現在行っている作業は、意味や目的が明確であるものか？

「Combine（統合する）」の視点

・別々に行っている作業を一つにまとめられないか？
・別々の部署で同じ作業をしてはいないか？

「Rearrange（置き換える）」の視点

・現在行っている作業の順序を変えて、スリムにできないか？
・同じような作業をしている別の部署に業務を移管できないか？

「Simplify（単純化する）」の視点

・現在行っている作業をもっと単純化できないか？
・デジタルツールで自動化することはできないか？

③習慣化：最後に、ダイエットがリバウンドしてしまわないように、スリムになった業務プロセスと業務フローをルール化します。その業務プロセスの責任者（プロセスオーナー）を定め、フローの変更やプロセスの追加には必ずその責任者の許可が必要というルールを運用します。こうすることでリバウンドが防げます。

また、効果を測定するために各業務プロセスの工数とアウトプットの測定と、モニタリングを定期的かつ継続的に行います。人間で言うと、体重計に毎日乗るのと同じことです。

システム開発ベンダーの選定は、経営の最重要事項

昨今では経営とシステムがより密接に関わるようになり、競争力すら左右するようになりました。また、システム投資に失敗すると多大な投資が無駄になるばかりか、導入につまずくと組織に軋轢と禍根を残すことはすでにご説明しました。そういう意味では、基幹システムの刷新や入れ替えというのは、経営者自らがしっかり関与すべき経営の最重要事項であるとも言えます。それにはまず、経営者がシステム開発の大まかな流れを知っておく必要があるので、一般的なシステム開発の流れを整理しておきます。

①ＲＦＩ（リクエスト・フォー・インフォメーション＝情報提供依頼書）：ベンダーに対して情報提供を求める
②ＲＦＰ（リクエスト・フォー・プロポーザル＝提案依頼書）：ベンダーに対して提案を求める
③ベンダーからの提案：ＲＦＰに基づきベンダーからの提案を受ける
④ベンダー選定：比較表を作成し、ベンダーを選定する

図表10-2　開発ベンダーのスタンス・姿勢

No	カテゴリ	評価項目	点数
1	全体最適の提案	全体最適の視点で提案してくれるか?	
2	成果へのコミット姿勢	成果にコミットする姿勢があるか?	
3	中堅・中小企業での実績	中堅・中小企業で多くの実績があるか?	
4	投資対効果の算出	投資対効果の算出に協力してくれるか?	
5	不要な開発の提案	必要と思えない開発提案をしてこないか?	
6	業績の推移	ベンダー自体の業績は伸びているか?	
7	現場主義	経営者と現場に寄り添ってくれるか?	

⑤要求定義：システム開発の目的を明確にする
⑥要件定義：目的を実現するための要件をまとめる
⑦基本設計：システムに実装する機能を明確にする
⑧詳細設計：基本設計に基づき、さらに詳細な仕様を明確にする
⑨開発：プログラム言語を用いてプログラムを作成する
⑩テスト：仕様通りに動作するかテストを行う
⑪運用：開発されたシステムを安定稼働させる

図表10-3 システムの性能・使い勝手

No	カテゴリ	チェック項目	チェック・点数
1	クラウド	クラウド対応になっているか?	□
2	モバイル	モバイル対応になっているか?	□
3	UI(ユーザー・インターフェイス)	シンプルで使いやすいか?	□
4	実績	当該分野・テーマの実績は充分か?	□
5	接続性	APIなどでの接続・連携は可能か?	□
6	サポート	サポートは充実しているか?	□
7	セキュリティ	セキュリティ対策はしっかりしているか?	□

よくある失敗の多くは、①~⑤の段階にその原因が潜んでいます。経営者がシステムの刷新やリプレイスを通じて実現したいことや解決したい課題が整理できていないまま、①~⑤が進んでしまい、開発ベンダーが決まって⑥要件定義の段階になってから、経営者が大事な要求を「後出し」するというパターンです。最悪の場合、その開発ベンダーでは対応できなかったり、高額な見積もりを提示されることにもなります。

「何の経営課題を解決したいのか?」「システム導入によってどのような効果を得たいのか?」。これらを担当者任せにするのではなく、経営者自身が事前に明確にしておくこと

図表10-4 会計システムの比較（例）

ツール	A社	B社	C社
販売管理システムとの連携	○	◎	△
仕訳の多段階承認	◎	△	○
自動仕訳・学習機能	○	◎	×
部門別損益管理	◎	△	○
事業別損益管理	◎	×	△
銀行口座のAPI連携	○	○	○
個別原価計算（PJ管理）	○	×	○
Diva（連結決算）連携	○	△	○
料金（ライセンス費用）	378,000円/年（3ユーザー）	477,600円/年（10名まで）	636,000円（3ユーザー）
導入実績	○○社	○○社	○○社
評価点数	19	11	12

が大切です。

また、それらを適正価格で実現してくれる開発ベンダーを選定するのは、最終的には経営者の意思決定マターです。システムの刷新や入れ替えには高額な投資が伴うことはもちろんですが、ベンダーの良し悪しでシステム開発の成否がほぼ決まってしまうからです。

ベンダーを選定する際には、必ず比較表を作成します。そして比較項目を10項目ほど用意し、◎○△×で評価し、点数の高いベンダーを有力候補とし、最終決定を行いましょう。参考までに、チェック項目と比較表のサンプルを共有しますので、もしよければ参考になさってください（図表10－4）。

図表10-5　ベンダー選びのポイント

(標準)	避けるべきベンダー	選ぶべきベンダー
強み 得意領域	開発実績やスキルマップを提示しない。 尋ねても「できます」としか言わない。	開発実績が整理されている。 エンジニアのスキルマップがある。 求める分野において経験値が高い。
再委託の 割合	営業とPMだけ正社員で、 エンジニアはほぼ再委託の外注。	自社開発が基本。 必要に応じて部分的に再委託。
担当者の スタンス	何もしない偉い人が会議に毎回いる。やる気だけで安請け合いして開発側に押し付ける営業やPMが現場を仕切る。	営業担当やPMがこちらの実現したいことを理解し、伴走する姿勢を持っている。 自ら仮説をもって提案してくれる。
トラブル 対応姿勢	トラブルやエラーをぎりぎりまで隠蔽する。解決策よりも責任回避を優先。	トラブルやエラー発生時に解決に向けて伴走する姿勢と親身なスタンスがある。
組織力	社員が少なく、特定のエンジニアやPMへの依存度が高く、組織としての再現性が低い。	一定以上の組織規模があり、人的バックアップと情報共有体制が組織として整っている。

そして、提案内容以外にも開発ベンダーの良し悪しを見抜くポイントはいくつかあります。私たちは特に、次のような項目を注視しています。

・強みと得意領域
・再委託の割合
・担当者のスタンス
・トラブル対応姿勢
・組織力

これらの項目ごとに注視すべきポイントを表にまとめましたので、こちらも開発ベンダー選定の際の参考にしていただければ幸いです（図表10－5）。

トップが関与してアジャイルでプロジェクトを進める

こうした過程を経て開発ベンダーが決まったら、⑥要件定義、⑦基本設計、⑧詳細設計、⑨開発へと進んでいくわけですが、ここでも経営者は担当者や開発ベンダー任せにせず、プロジェクトのオーナーか責任者として進捗確認に携わる必要があります。

具体的には2週間に1回はステアリングコミッティー（Steering Committee）を開催し、そこで開発の手綱をしっかりと握ります。このステアリングコミッティーとは、システム開発プロジェクトにおいて、戦略的な方向性や意思決定を行うための委員会のことです。一般的には、組織の上級管理職や重要な利害関係者によって構成され、プロジェクトのビジョンや目標を策定し、進捗状況や予算、リスクなどを監視し、各局面でその都度必要な意思決定を行います。

システム開発には方針の変更や修正は付きものなので、このステアリングコミッティーで都度、利害関係者と協議をしながら意思決定すべきことを迅速に決めて、プロジェクトを前進させていきます。つまり、これがアジャイルでプロジェクトを進めるということです。

ステアリングコミッティーは、プロジェクトの成功を担保するうえで戦略的な方針を立てる重要な役割を果たします。ここに経営者が参画していないと、いつの間にか経営者の意図しない方向にプロジェクトが転がりかねないので、忙しくても時間を割いて毎回参加するべきなのです。

ちなみにアジャイルとは、システム開発やプロジェクト管理などの分野で使われるアプローチや方法論のことです。不確実性を伴う長期にわたる計画を、最初に決めた通りに進めるのではなく、小さなステップを実行するたびに顕在化する課題を柔軟に、その都度解決しながら進めていくというメソッドです。

戦略11

経営者

――「苦手克服がすべての戦略の出発点」

デジタルへの苦手意識が成長の足かせになる時代

本章は、デジタル全般になんとなく苦手意識があるという方のための内容になっています。

実は、経営者にはそういう方が意外に多く、会社経営や事業運営の手腕にはある程度の覚えがあっても、事がいざデジタルとなると「つい避けて通りたくなる」という方が少なくありません。これは、単純に「知らない、慣れていない」というのがその原因となっています。

皆さんの会社にいる30代前半未満の社員の多くは、ものごころついたときからスマホやタブレットが身近にあって、さまざまなデジタルデバイスやアプリを当たり前のように使いこなして暮らしてきました。そうした世代に比べると、経営者の多くを占める40代後半以降の世代は、パソコンを本格的に触ったのは社会人になってからですし、スマホよりもガラケーを使っていた時期のほうが長いでしょう。生い立ちの差と言ったら少し大げさかもしれませんが、デジタルが身近に溢れている時代に育ってきた人とそうでない人とでは、活用スキルに差が生じるのは当然のことです。

それは「能力の差」ではなく、「慣れの差」なのです。ただ普通にスマホやPCを使いこなす人たちの様子を見ていると、どうしても引け目を感じたり、「自分にはついていけない」と思い込んでそこから遠ざかり、さらに苦手意識が強くなるという悪循環に陥ってしまいがちです。

実は、この「経営者のデジタルへの苦手意識」が、企業のデジタルリメイクの大きな足かせになっています。今は、経営とデジタルは切っても切り離せない時代になりましたから、経営の手腕には自信があるが、デジタルには自信がないという方がその状態を放置すると、経営そのものにも決して良い影響を与えません。

経営者自身がボトルネックとなって会社のデジタル化を阻害してしまうとか、反対に経営者が蚊《か》帳《や》の外に置かれたまま会社のDXやデジタルリメイクが進んだために経営そのものがわからなくなってしまう、といったことが現実に起こりえます。経営者のデジタルリテラシーの向上なくして、企業のDXやデジタルリメイクはありえないと言っても過言ではありません。

ですが、「自分でも薄々わかってはいるものの、どうやってデジタルに慣れていけばよいのか、何から始めればよいのかがわからない」という経営者も少なくありません。また、デジタルの話を聞く機会が増えて気持ちばかりが焦っているという経営者もいます。

まずは、皆さんのデジタルレベルをチェックしてみてください（図表11－1）。

いずれも、①使っていない・知らない:0点、②教えてもらいながら使える:1点、
③自分一人で使える:2点、④人に教えられる:3点、の4段階でチェック

29	ネットでホテル・レストランなどの予約をしたことがある
30	ネットで新幹線・飛行機のチケットを予約したことがある
31	価格.comなどに書かれた口コミを確認してから買い物をしたことがある
32	Kindleなど電子書籍で本を読んだことがある
33	NewsPicksやnoteなどのWebメディアの有料購読者である
34	スマホ、iPhoneで撮った写真をスマホ、iPhone上で加工・編集したことがある
35	写真や文章などのデータをクラウドサービスで管理している
36	Apple musicやSpotifyなどの定額ストリーミングサービスを使ったことがある
37	有料ネット動画サービス(Netflix、Amazon Prime、Hulu、Disney+など)の会員である
38	銀行のネットバンキングを使っている
39	窓口のないオンライン銀行口座を開き、管理をしている(ジブン銀行、楽天銀行、住信SBI銀行など)
40	Uber Eatsを使ったことがある
41	GOやUber、Lyftなどの配車サービスを使ったことがある
42	WeWorkなどのシェアオフィスに行ったことがある
43	AR(拡張現実)やVR(仮想現実)機器を使ったことがある
44	Airbnbで宿泊したことがある
45	ポケトーク、VoiceTraなどの言語翻訳ツールを使ったことがある
46	Amazon Goなどの無人店舗に行ったことがある
47	自動運転機能搭載の自動車に乗ったことがある
48	国内のネット業界3大イベント(ICCサミット、IVS、B Dash Camp)のいずれかに参加したことがある
49	海外テクノロジーイベント(CES、MWCなど)に行ったことがある
50	シリコンバレーへ行ったことがある
51	中国のネット企業を視察したことがある
52	ベンチャー企業のピッチイベントでプレゼンテーションを見たことがある
53	クラウドファンディングを利用したことがある
54	仮想通貨、ブロックチェーンを使ったことがある
55	エクセル、Googleスプレッドシート、ナンバーズの違いがわかる

図表11-1 デジタルパーソナルリテラシーチェック

1	パソコンを日常的に使っている
2	スマホ、iPhoneを使っている
3	Apple Watchなどのスマートウォッチを使っている
4	iPadなどのタブレットを使っている
5	コードレスのイヤホンを使っている
6	タブレット用ペンシルを使っている
7	デュアルモニターを使っている
8	スピーカーを使っている
9	ウェブカメラ用のライトを使っている・持っている
10	スマホ、iPhoneのホーム画面を初期設定から変更している
11	スマホ、iPhoneのホーム画面の「画像(壁紙)」を初期設定から変更している
12	メールなどのアカウントのプロフィール・画像の設定をしている
13	自宅では無線Wi-Fiを使っている
14	音声入力機器(Alexa、Google Home、Siriなど)を使っている
15	GoodNote5を利用してメモ・ノートを取っている
16	LINEを使っている
17	YouTubeで動画を見たことがある
18	TikTokなど動画投稿アプリを見たことがある
19	Zoomなどのツールでオンラインミーティングに参加したことがある
20	SlackやChat workなど、ビジネスチャットツールを使ったことがある
21	音声通話はLINEやFacebook・メッセンジャーなどの無料サービスを使っている
22	PayPayやLINE Payなど、キャッシュレス決済ができる
23	オンライン上でスケジュール管理をしている
24	Facebook、X(旧Twitter)、Instagramいずれかのユーザーアカウントを持っている
25	Googlemapを使い目的地まで行ける
26	ECサイトで購入したことがある
27	Amazonで購入したことがある
28	メルカリやジモティーなど、フリマアプリで購入または販売したことがある

いかがでしたか。各質問について「使っていない・知らない」を0点、「教えてもらいながら使える」を1点、「自分一人で使える」を2点、「人に教えられる」を3点として、165点満点中何点であったかを計算してみてください。そして知らない単語があった場合は、ネットで検索して調べてみてください。これらはビジネスに必須というわけではありませんが、デジタル関連業界で仕事をしている人であれば、たいていは聞いたことがあるものばかりです。

まずはデジタルライフシフトからスタート

診断した結果、やはりデジタルに苦手意識があるという方は、まずはプライベートから「デジタルライフシフト」を始めることをお勧めします。若い世代が生活の中でデジタルに慣れ親しんで育ってきたのと同じように、今からデジタルを生活の中に意識的に取り込んでみるのです。

会社のデジタルツールやシステムを使い間違えると、大切なデータを消してしまうといった大事故にも繋がりかねませんが、プライベートで失敗する分には、誰にも気兼ねすることなく試行錯誤しながらデジタルの経験を積むことができます。また、プライベートでデジタルをバリバリと使いこなせるようになることで、デジタルに対する苦手意識が薄れていき、仕事でも不思議と自然にデジタルと向き合うことができるようになります。

個人用もビジネス用も、デジタルデバイスやアプリの基本構造は同じですし、似たようなプログラミング言語で動いています。そして何より、プライベート用のデジタルツールのユーザーインターフェイスや入力画面に慣れれば、ビジネス用のそれらも似たようなものなので、同じように感覚的に使えるようになります。基本的にはどちらも「人が感覚的に使いやすいように」設計されているからです。

ＢtoＢサービス業の経営者である50代のＡさんは、このチェックテストで70点未満だったという結果を受け、当社の経営者向けデジタルパーソナルトレーニングへの参加を決意されました。Ａさんは、日頃からＰＣで承認作業や社員の日報チェックをしていて、そちらのほうはある程度は使えている自信があるのですが、全社員に配布している社用の iPhone は、休日の緊急時にしか開かないというほど疎かにしています。実際、他の役員が緊急の用件でＡさんの社用 iPhone に電話をかけてもメールを送っても、ほとんど〝梨のつぶて〟といった状況でした。

会社で全社員に支給しているスマホを、経営者である自分がほとんど使えないということに引け目を感じていたAさんは、1年以内に社用iPhoneを使いこなすという目標を立てました。

まずは基本設定からということで、Apple IDのパスワードを再設定してもらいました。iPhoneを使っていると頻繁にApple IDのアカウント再入力画面が出てくるのですが、そのたびにAさんはパスワードがわからなくて閉じてしまっていたのです。パスワードを再設定して、入力できるようになるだけで、デジタルへの恐怖心が和らいだそうです。

さらにZoomやGoogle map、LINEといった基本アプリをインストールします。そして、iPhoneで写真を撮影したりスクリーンショットをとったり、その写真をAirDropしたり、SMSで送ったりといった基本的な操作をマスターしました。続けて、日経電子版やKindleをアプリで読めるようにしたり、仕事に役立つサイトをスクリーンショットしたものにメモを付けて業務に関係する社員に送付したりするなど、仕事で使える操作を習得しました。

わずか6カ月間のトレーニングでしたが、経営者としての行動習慣をデジタル化しただけでAさんは大きな自信がついたと言います。その理由の一つが、デジタルツール活用のストレスがなくなったことです。方針発表の資料作成の素材づくりとか、日々のアイデアや気づきをiPadにメモするなど、社内チャットツールで社員と情報を共有したり、そういった簡単なことができるようになっただけで「自分にはできない、わからない」といったストレスが消えたそうです。

さらに、デジタルリメイクによる生産性向上が体感できるようになりました。デジタルツールを使うことで、普段の業務の効率化に繋がったとか、新しいアイデアに繋がる趣味が増えた、教えてもらう機会から学びを得られたなどの効果を実感しています。

そうしてAさんはデジタルリメイク推進を自分から投げかけるようになりました。デジタル人材の話がわかるようになり、採用面接で質問できる機会が増え、他の経営者とデジタルリメイクの話ができるようになったことで、その重要性がますます納得できたそうです。

Aさんの転機になったのは、iPhoneを人並みに使いこなせるようになったとか、「手書きメモ」からiPad mini・Apple Pencil・GoodNote5での「デジタルメモ」に変えたといったちょっとしたことからでした。紙のノートのデジタル化はAさんに「時代についていっている」という自信を与えてくれました。デジタルは苦手だと、開き直って避けてきたという皆さんも、こういう身近なことから一つだけでもデジタルリメイクしてみてはいかがでしょうか？

デジタルを克服することは、現代の経営者にとって必須の課題です。これは企業のデジタルリメイクを推進するうえで最も大きな壁であり、マイルストーンでもあります。デジタルが苦手だという経営者は、小さなところから少しずつでよいのでデジタルリテラシーを高めていきましょう。

そもそも経営者というのは、自社の経営のことを社内の誰よりもわかっているので、関心を持ってアンテナさえ立てれば、デジタルテクノロジーを自社にどう活用すべきかを誰よりも正しく導き出せる位置にいます。

経営や実務の経験がないエンジニアは、自分のスキルを経営やビジネスにどう役立てるべきか、実は皆目わかっていません。むしろ経営や実務を知る経営者や実務家が、最低限のデジタルリテラシーを身に付けることのほうが、経営にとって大きなインパクトがあるのです。

おわりに

今、世の中はたいへんなＤＸ（デジタル・トランスフォーメーション）ブームです。

思い起こせば、これまでも、古くはＯＡ（オフィス・オートメーション）に始まり、ＳＩＳ（戦略的情報システム）や、ＩＣＴ（情報通信技術）、ＥＲＰ（エンタープライズ・リソース・プランニング）など、さまざまなＩＴ関連の流行概念が生み出されるたびに、経営者はそれらと向き合う必要性に迫られてきました。

では今回のＤＸも、これらの流行概念と同じように、一過性のバズワードなのでしょうか？

確かに、メーカーやベンダーの思惑もあってブームが過熱している感は否めませんが、これまでと大きく異なる点がひとつあります。

それは「ＤＸは大企業だけでなく中小零細企業にこそ必要であり、取り組みしだいでは生産性や成長性に大きな差が生じる」という点です。

これまでのＩＴ化の動きは、主に大企業を中心に展開されてきましたが、今回のＤＸは中小零細企業にとっても重要な取り組みとなります。

デジタルテクノロジーの進化により、これまでとは異なる状況が現実的に訪れています。これまでのように数億円規模の投資が必要な話ではなく、中小零細企業でも小規模ながら効果的な取り組みを行うことで、大きな成果を上げることが可能となっています。

しかしその一方で、

「DXの必要性はわかってはいるけど、何から始めればよいのかわからない」

とか、

「とりあえず勧められたものに手を付けてみたけれども成果が感じられない」

などといった、デジタル難民化した企業も増え続けています。

経済産業省が2020年に発表した「DXレポート2・中間とりまとめ」では、「95％の企業はDXにまったく取り組んでいないか、散発的な実施に留まっている段階であり、全社的な危機感の共有や意識改革の推進のようなレベルに至っていない」という調査コメントが冒頭に記載されていました。そして、このレポートが発表されてから数年経った今でも、こうした状況は大きく改善されていません。

このように多くの中小零細企業が、ＤＸ推進に何らかの課題を抱えています。なぜ、ＤＸはこれほどまでに難しいのでしょうか。その課題には、いくつかの共通のパターンがあります。

まず、ＤＸを「単なる技術の導入」と捉えてしまっているパターンです。ＤＸには例外なくビジネスモデルや業務プロセスの見直しが必要なのですが、従来のやり方への固執や変革への抵抗がＤＸの障壁となっているのです。

また、ＤＸには費用、時間、人材などのリソースが少なからず必要です。特に人材や資金などの経営資源が限られている中小零細企業にとっては、これらの制約がＤＸの障壁となることが多いのが現実です。

しかし逆にいえば、こうした「よくある課題」さえ克服できれば、会社を成長軌道に乗せることも充分に可能です。うまくいけば2桁成長も高い確率で狙えます。

ただ問題なのは、そうしたＤＸの成功例について、経営者の視点からの情報が世の中に少ないことです。特に中小企業の成功例となると、情報は一気に減ってしまいます。そこで本書では、ＤＸに取り組んで実際に成果を上げている中堅・中小零細企業の具体例を交えながら、経営者目線でＤ

Xの進め方とポイントをわかりやすく解説しました。

本書には、複数の経営者のご協力を得て、DXにまつわる成功事例やケーススタディをいくつか掲載させていただきました。貴重な経験談や成功事例を、惜しみなくご開示いただいた経営者の皆様に、この場を借りてあらためて御礼を申し上げたいと思います。

・宿泊業特化型アプリを自社開発して自社の業務改善と外販収益の獲得に成功した事例
　株式会社エクセルイン　苅谷治輝氏

・AIで自社の見積もり工数の削減を実現し、それを他社にも外販展開して事業化した事例
　株式会社プラポート　宮季高正氏

・不動産会社がウェブシステム会社をM&Aして急成長し、業界向けSaaSを展開した事例
　賃貸住宅サービス　渡邊武氏　&　株式会社クリエイティブ・ウェブ　岡部倫典氏

・看板工事業を「人流創造業」へと変革し、10年間で売上を5倍にした事例
株式会社クレスト　永井俊輔氏

・デジタルマーケティングでエンドユーザーへの直販チャネルを確立した事例
株式会社T・L・C　石本宏人氏

・ウェブ広告の活用で売上を1・7倍にした事例
株式会社キティー　朝木宏之氏

・マーケティングオートメーションとAIによる広告運用で単月売上を3倍にした事例
株式会社一条　谷口新氏

・インサイドセールスBPOでウェブ経由の問い合わせの商談移行率を10倍にした事例
株式会社建匠　西村龍雄氏

・重要な営業指標をBIダッシュボードで常時可視化して営業効率と生産性を高めた事例

　ＹＫＧホールディングス　栗元浩二氏・澤井栄二氏

実はページ数の都合で、本書で取り上げ切れなかった取り組み事例も多数あります。それらについては、当社のホームページ経由で資料をご提供できるようにしておきました（期間限定公開）。弊社が独自にまとめたレポート形式の事例集で、全24事例が写真や図解と共に掲載されています。検索ワード「船井総研デジタル」でトップページにアクセスし、「デジタルリメイク24事例」のバナーからリクエストフォームに進んでください。

冒頭のはじめにでもお伝えしましたが、本書でご紹介したのは、「デジタル・プレジデント・ラボ（Digital President Lab）」という当社が主宰する経営者コミュニティのメンバーもしくは講師としてお招きした方々に共有いただいた、本来ならばメンバー限定の貴重なコンテンツやノウハウです。

本書の最後にお伝えしたいのは、「読者の皆さんもこのコミュニティに加わってデジタルリメイクの第一歩を本格的に踏み出してみませんか？」というメッセージです。

新しい仲間が加わることで、既存のメンバーにも刺激が生まれますし、お互いの情報共有の幅が広がりますので、メンバーの皆さんも新しい仲間のご参加は大歓迎です。

ただし、あくまで経営者の集まりなので、参加いただける対象者は経営者ないしは取締役以上の方に限らせていただきます。その点だけはどうかご了承ください。

本書をお読みいただき、もし内容にご興味をお持ちになって、「試しに参加してみたい」という方は、検索ワード「デジタルプレジデントラボ」でサイトにアクセスしてみてください。会の運営主旨や内容が記載されていますので、参加を検討するうえでこちらも参考になさってください。

それでは、皆様とお会いできるのを楽しみにしています。

デジタル企業化を目指す経営者の実践型コミュニティ「デジタル・プレジデント・ラボ」

URL：https://dpl.fsdg.co.jp/
「デジタルプレジデントラボ」で検索してください。

DX・デジタルリメイクに関する無料経営相談窓口

☎ 0120-911-610（9時45分～17時30分）

デジタル・プレジデント・ラボ（Digital President Lab）への参加申し込みや、読者プレゼントに関するお問い合わせもこちらで承ります。

自社専用のChatGPT環境構築に関する資料ダウンロード

https://cloud-expert.fsdg.co.jp/document/541/

［著者紹介］

株式会社船井総研デジタル

船井総研デジタルは、「デジタルテクノロジーで人と企業の成長をリードする」をミッションに掲げています。デジタルテクノロジーを人と企業にとってより身近で活用しやすいものにすると同時に、デジタルテクノロジーの活用を通じて日本企業を成長に導き、豊かで幸せな社会づくりに貢献してまいります。
何より「人と企業に親身に寄り添う姿勢」を大切にしつつ、デジタルテクノロジーをより身近で活用しやすいものにし、企業の変革と成長に伴走します。「デジタルを創るのも、使うのも“人”である」。このことを忘れず、大切な社員やビジネスパートナー、そしてお客様と共に歩んでまいります。

［事業内容］

デジタルテクノロジーを、もっと身近に。お客様の目的やニーズに応じて、最適なソリューションとサポート体制をご提供します。

01. Azure を中心としたパブリッククラウドの開発・運用、技術コンサルティングを行う「クラウドソリューション開発事業」
02. 中堅・中小企業のデジタルマーケティングを業種・業態ごとに全面代行する「デジタルマーケティングＢＰＯ事業」
03. 中堅・中小企業のバックオフィスを BPR とＤＸを通じて変革する「ＩＴコンサルティング事業」
04. バーティカル SaaS（産業別デジタルプロダクト）の開発と普及を行う「プロダクト開発事業」
05. デジタル人材不足を解消するデジタル人材の育成・リスキングを行う「デジタルＨＲ事業」

創　業：1970 年 3 月 6 日
設　立：2013 年 11 月 28 日
資本金：5,000 万円
社員数：333 名（うち契約社員 4 名、パート社員数 19 名）
　　　　2023 年 6 月 2 日現在
株　主：株式会社船井総研ホールディングス 100%（東証プライム市場 9757）
所在地：（東京本社）
　　　　〒 100-0005 東京都千代田区丸の内 1-6-6　日本生命丸の内ビル 21 階
　　　　（大阪本社）
　　　　〒 541-0044 大阪市中央区伏見町 4-4-10　新伏見町ビル 6 階
　　　　（八丁堀オフィス）
　　　　〒 104-0032　東京都中央区八丁堀 2-19-8　日宝八丁堀ビル 3F

［主な執筆陣］

柳楽仁史（株式会社船井総研デジタル　代表取締役社長 社長執行役員）

1992年株式会社船井総合研究所に入社。株式会社船井情報システムズ代表取締役常務、株式会社船井総合研究所執行役員社長室長、株式会社船井総研ホールディングス執行役員 CSR・IR室担当などを経て、株式会社船井総研コーポレートリレーションズ代表取締役社長に就任。内部マネジメント業務の責任者を歴任する傍ら、経営コンサルタント業務にも従事、幹部社員教育や社員の自発性を誘発する自活組織づくり、新規事業の開発と展開などに数多く携わる。2022年７月より新和コンピュータサービス株式会社と合併し、株式会社船井総研デジタル代表取締役社長に就任。

清尾修（株式会社船井総研デジタル　取締役 常務執行役員）

1993年株式会社船井総合研究所に入社。同社社長室副室長、情報システム室室長などを経て、2022年より現職。船井総研グループの基幹システム開発プロジェクトの責任者として、SAP、セールスフォース等の導入に携わる。船井総研デジタル設立後は、管理会計制度設計、リスクマネジメント業務に従事する傍ら、その経験を生かしてITコンサルティングを行っている。

小平勝也（株式会社船井総研デジタル　取締役 常務執行役員）

1996年株式会社船井総合研究所に入社。翌年より自動車業界向けコンサルティングの立ち上げに関わり、成長実行支援、特に業績アップのマーケティング支援を展開。その後、小売・サービス業向けコンサルティング部門を発足させて本部長に就任すると同時に執行役員に就任。株式会社船井総研コーポレートリレーションズの取締役を経て、2023年より現職。ＳＰＸ事業全般を統括している。

［執筆協力］

本書の執筆にあたって、コンテンツ提供、取材協力、分析を担ってくれた当社のコンサルタントおよびアナリスト陣です。

斉藤芳宜（執行役員）
山本　翼（ＳaａＳコンサルティング事業部　部長）
吉本直史（ＩＴコンサルティング事業部　部長）
原田裕之（Ｗｅｂソリューション事業部　部長）
池内　愛（セールスサポート事業部　マネージャー）
中根敬司（デジタルHR事業部　マネージャー）
内藤昌樹（Ｗｅｂソリューション事業部　チーフエキスパート）
秋田諭希（ＳaａＳコンサルティング事業部　チームリーダー）
金子友香（グロースサポート事業部　チーフエキスパート）
田坂裕子（ＩＴコンサルティング事業部　エキスパート）

装幀・本文デザイン　佐々木博則
編集協力　田島隆雄
図表　桜井勝志

２桁成長を取り戻す
デジタルリメイク経営
コンサル会社が実践したリアルDXストーリー

2023年９月30日　第１版第１刷発行

著　者　株式会社船井総研デジタル
発　行　株式会社ＰＨＰエディターズ・グループ
〒135-0061　東京都江東区豊洲5-6-52
☎03-6204-2931
https://www.peg.co.jp/
印　刷
製　本　シナノ印刷株式会社

　ISBN978-4-910739-32-8